影响历史的著名海战

YINGXIANG LISHI DE
ZHUMING HAIZHAN

武鹏程

编著

海洋出版社

北京

图书在版编目(CIP)数据

影响历史的著名海战 / 武鹏程编著. — 北京：海

洋出版社，2025.1. — ISBN 978-7-5210-1404-4

Ⅰ. E19-49

中国国家版本馆CIP数据核字第202429Y2L3号

图说海洋

影响历史的

著名海战

YINGXIANG LISHI DE
ZHUMING HAIZHAN

总 策 划：刘 斌

责任编辑：刘 斌

责任印制：安 淼

排　　版：海洋计算机图书输出中心　申彪

出版发行：海洋出版社

地　　址：北京市海淀区大慧寺路8号

　　　　　100081

经　　销：新华书店

发 行 部：(010) 62100090

总 编 室：(010) 62100034

网　　址：www.oceanpress.com.cn

承　　印：侨友印刷（河北）有限公司

版　　次：2025年1月第1版

　　　　　2025年1月第1次印刷

开　　本：787mm×1092mm　1/16

印　　张：10

字　　数：180千字

定　　价：59.00元

前　言

从人类小心翼翼驾驶独木船，用木桨划开汪洋碧水，到单桅船出现，四桅船的纵横；从木壳船时代前进到铁甲舰时代，人类伴随着欲望与贸易开始了征战海洋的历程，也书写了一页页血腥与残暴的海战历史。海战是在海上的角逐，无论何时，人类社会的发展都离不开战争的烙印，充满了血腥与悲壮，不同时代背景下，各个国家的海军制造出各具特点的舰船，与敌国在海洋上交战，是智慧、时机、勇气和实力，通过海战全面地展现。

本书收录了古今中外不同时期的经典海战。从远古时代的单桅船，人们依靠冷兵器近身搏斗，而后突然出现的"希腊火"，凭借它强悍的杀伤力纵横一时；时代前行，人们钻研发明，铁甲舰船出现，铜墙铁壁般的船体，不需要其他武器，只需一撞，便能令敌军葬身海底；如今水面上体型庞大的航空母舰，水下升降自如的潜水艇，神出鬼没的鱼雷快艇，成为人们捍卫海洋权益的强有力武器。

海战中，一个个出色的海军将领，善于发挥己方战舰的优势，隐藏弱点，依靠船坚炮利，称霸海洋。一次又一次的海战，改变着、推动着人类前进的历史，广袤无垠的海洋里，每一朵浪花、每一滴海水里都浸透了血和泪。

本书将再现那血肉横飞、炮火弥漫的海战场景，领略海军统帅对于海洋潮汐、水深、风向等气象和地理环境的应用能力，了解海战背后，世界各国海军的装备、战术及科技的发展历程。

目 录

远古海战

古代海战

近现代海战

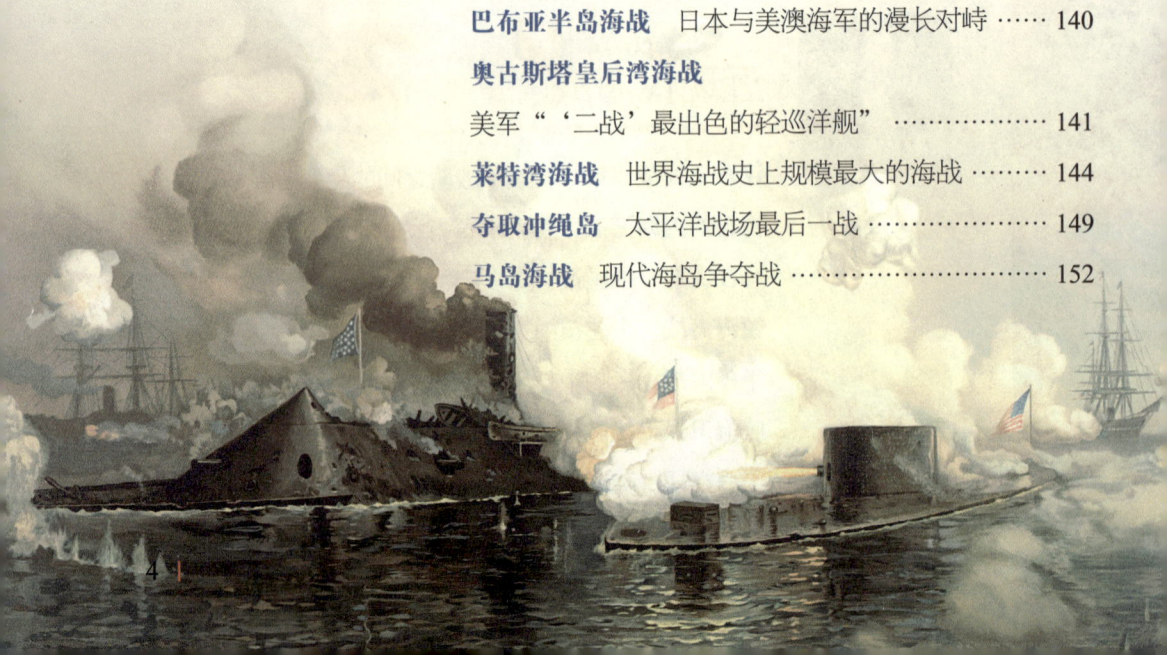

远古海战

Ancient Times Sea War

三次希波大战

波斯与希腊的三次对决

古代波斯帝国为了扩张版图而入侵希腊引发三次战争，最后以希腊获胜、波斯战败而告结束。

古希腊由于地形的限制，许多城邦被山脉分隔着，中间只有极少量的陆上交通，所以每一个城邦小国城墙内是朋友，而在城墙外就到处是敌人。随着各城邦人口的增多，为了抢夺粮食，希腊人开始向沿海地区移民和殖民。

波斯是西亚一个奴隶制国家，它是通过不断的征服而发展起来的。到大流士统治时期（公元前522—前486年），波斯已成为世界古代史上第一个横跨欧、亚、非三洲的大帝国。

第一次对决：马拉松战役

波斯帝国对进攻希腊蓄谋已久。它

▲ [马拉松大战的奔跑送信]

在马拉松大战获胜后，一位名叫斐力庇第斯的士兵跑回雅典传信，因为极速跑了42.193千米，报捷后便倒地身亡，而这也是马拉松长跑的来源。

一方面，利用政治外交手段，离间了希腊各个城邦的关系；另一方面，在公元前490年，大流士派出陆、海军共2.5万人，渡过赫勒斯滂海峡沿色雷斯海岸向

▲ [希波之战]

[马拉松战役]

希腊推进。

希腊雅典得知消息，一边动员全城国民应战，另外派出了一名长跑健将斐力庇第斯极速跑了 42.193 千米，赶往斯巴达求援，但斯巴达人却以祖宗规定月圆之夜才能出兵为由拒绝伸出援助之手。这样的消息对于雅典无疑是最不想听到的，这意味着他们必须独立面对这场战争。

双方军队在马拉松平原展开激战，希腊战士为保卫祖国自由的热情所鼓舞，奋起抗击波斯军队，他们从正面发起佯攻，波斯军队突破了希腊的中线，但在两翼的希腊军队却取得了胜利，他们于是从两面夹攻突破中线的敌人。乘胜追击，一直把波斯军队追赶到海边，波斯军队慌忙登船而逃。

马拉松会战成为古代战争史上以少胜多的范例之一。雅典军于马拉松战役只有 192 人阵亡，而波斯军则损失了 6400 人，但这对于庞大的波斯帝国来说并不是重大的打击，因此波斯帝国在此战后仍时刻寻找机会进攻希腊。

第二次对决：萨拉米斯海战

公元前 480 年春，波斯王薛西斯一世亲率陆军 25 万人及战舰 1000 艘再度进兵希腊。在陆地上波斯军突破了温泉关，连克阿蒂克、雅典等城，但是海军却在萨拉米斯海战中惨败，狼狈而归。

第三次对决：海战

公元前 479 年，波斯王派大将统率 50 000 大军再度进攻希腊，这次希腊海军统帅特米斯托克利使用空城计，移师海面。波斯再次大败，只能撤回东方。该年，以雅典为首的希腊海军反攻波斯，攻进小亚细亚，使小亚细亚诸希腊城邦脱离波斯的统治。公元前 478 年，希波战争以双方签订《卡里阿斯和约》而告结束，波斯帝国从此承认小亚细亚希腊城邦的独立地位，并且将其军队撤出爱琴海与黑海地区。

萨拉米斯海战

波斯帝国和希腊联军角逐

萨拉米斯海战是希波战争中双方舰队在萨拉米斯海湾进行的一次决定性战斗。

波斯帝国一直试图征服富庶的希腊城邦，公元前490年，波斯帝国国王大流士一世率海陆大军侵犯希腊，在马拉松被希腊雅典军队击败，大流士一世损兵折将，退回波斯，含恨而终。他的儿子薛西斯一世一直试图复仇，公元前480年，薛西斯一世进行了全国总动员，集结了25万大军，1000多艘战舰，准备将希腊城邦全部拿下，并入波斯帝国版图。

▲ [画有希波战争画面的艺术品]

战斗盛况

波斯国王薛西斯一世率100个民族组成的大军，分水、陆两路远征希腊。

▲ [波斯国王薛西斯一世]

薛西斯一世是大流士一世与居鲁士大帝之女阿托莎的儿子。其名字在波斯语中意思是"战士"。

希腊联军只有陆军 11 万人，海军战舰 400 艘，且被封锁在萨拉米斯海湾内。在波斯舰队通过萨拉米斯海湾的普西塔利亚岛时，希腊舰队呈两线队形突然发起攻击，发挥其船小灵活、在狭窄海湾运转自如的优势，以接舷战和撞击战反复突击波斯舰队。波斯战船体大而笨重，在狭窄的萨拉米斯海湾运转困难，前进不得，后退无路，自相碰撞，乱作一团。经过一天激战，波斯舰队遭到重创，被迫撤退。

此海战的结果是，兵力明显劣于波斯的希腊联军，利用狭窄海湾，沉重打击了波斯军队的来犯。

萨拉米斯海战奠定了以雅典为代表的希腊海洋强国的基础。

战争结果对希腊意义非凡

希腊文明被公认为现代西方文明之母。如果当时希腊战败，那么希腊文明将被东方波斯文明征服。西方文明也将从此中止。自然也不会有后来以古希腊文明为尊的西方文艺复兴。而正是由于希腊取得萨拉米斯海战的胜利，才为取得对波斯战争的全面胜利提供了可能。因此，萨拉米斯海战毫无疑问是拯救了西方文明的世纪之战。同时，萨拉米斯海战是人类历史上第一次以取得制海权为目的的海战。它证明了任何时期制海权都是极其重要的。正是由于控制了地中海制海权，雅典才在战后一跃成为地中海地区的海上霸主。

▲ [萨拉米斯海峡]

萨拉米斯岛与希腊半岛之间有一条长长的水上通道，这条通道东边的狭窄处就是萨拉米斯海峡。在雅典执政官特米斯托克利看来，萨拉米斯海峡是天然的"陷阱"，狭窄的水道加上浅水海域，足以抵消波斯海军在数量上的优势。

▲ [三层桨座战船浮雕]

波希双方都有大量的坚固的三层桨座战船。这种战船非常豪华，总共有三层，整条战船有 200 个桨作为推动力。战船上装备有铜制的撞锤，可以把敌人的中、小型船只撞得粉碎。

吴齐海战

我国有记录的最早的一次海战

公元前485年，吴、齐两诸侯国之间的黄海海战，是中国历史上有文字记载以来最早的一次海战，在中国和世界海战史上都具有重要的意义，成为后世研究中国古代水战战术以及古代水（海）战武器装备（如舰船）发展的经典战例。

公元前485年，吴国军队攻打齐国。吴王夫差亲率主力由邗沟入淮水北上，直抵齐国南部边界。另派大夫徐承"帅舟师，将自海入齐"（《左传·哀公二》）。从太湖苏州出发，到数百千米外的黄海，与齐国舟师进行了一场海战。这是我国史书记载的第一次海战，也是第一次海陆协同作战。

▲ [吴王夫差像]

当时的吴国，拥有今上海、江苏的大部分及安徽、浙江的一部分地区，建都于吴（今苏州市）。齐国位于今胶东半岛，西起黄河，东临大海，北接无棣水（今河北盐山以南），南至泰山。

吴王夫差在击败西边的楚国和南面的越国等强敌之后，经过数年精心准备，于公元前485年春，联合鲁、邾、郯等国，正式出兵北伐齐国。夫差将吴军兵分两路，自己亲率主力搭乘内河战船由邗沟入淮河北上，直逼齐国南部边境。同时，为确保侧翼安全并夹击齐国，分散齐国兵力。夫差派大夫徐承率海师主力舰队出长江口，沿着东海海岸，向陌生的北方齐国大纵深黄海海域驶去，实行远航奔袭进攻山东半岛。获知吴国来犯消息的齐国海军出兵南下，准备在海上迎战吴军海师。中国历史上第一次海战——吴齐黄海海战打响。

双方战船装备比较

当时双方使用的武器装备，主要是蒙冲、大翼船、突冒船、楼船和桥船等。

其中主力大翼船长约 23 米，宽约 3.5 米。可装载士兵、船工等共约 91 人。船身狭长，分为两层。下层是库房和船工划桨的地方，上层是作战的士兵。可以运载相当数量的给养和武器装备。具有速度快、机动性好的优点，是当时海战的主力舰只。

蒙冲船体坚固，船首装有坚固的金属冲角，专门用于撞击敌舰。

楼船是一种具有重楼式上层建筑和攻防设施的大型战船，外观似高耸的楼宇，一般被当作水上移动要塞阻击敌军，也被作为旗舰。

桥船则是一种体积小、重量轻、速度快、机动性强的小型舰船，主要用于高速冲阵以掩护大型战舰。

当时的水军配备的武器包括弓弩、长矛、长斧和标枪等，此外还有一种专门用于水战的长钩矛。

春秋晚期，随着技术的进步尤其是冶铁工业的发展使用，滨海的齐国开始大规模造船并组建了专门的水军，这就是中国最早的海军。

而长江流域的吴国和友邻国则组建了内河水师。

齐国战船主要以大型海船如大翼船为主。而吴国由于长期在内河和湖泊作战，因此尽管其水师数量众多，气势逼人，却主要以内河船只为主。

吴齐海战

齐国根据吴国海军远道而来、长途

▲ ［中国古代战船：蒙冲］

《释名·释船》描述："外狭而长曰蒙冲，以冲突敌舰也。"由于该战船的形体较长，速度快、机动性也好，可乘人不备，实施攻击。这种战船因船背蒙有生牛皮，以冲击敌船，所以叫"蒙冲"。

▲ ［中国古代战船：楼船］

▲ ［琅琊台］

奔袭的特点，充分发挥自己对当地海况和岛屿地貌熟悉的优势，决定以逸待劳，集中兵力在家门口的黄海海域伏击吴军舰队。

首先，齐军散布谣言，声称齐军畏惧强悍的吴军不敢迎战，造成吴国海军极为骄横轻敌，他们浩浩荡荡杀到黄海琅琊台海域，此时黄海琅琊台海域风高浪涌，很多内河水师出身的吴军士兵晕船。齐国海军舰队抓住时机，从上风方向向吴军舰队发起猛烈冲击。近300艘巨大的海船分成3个阵列直插吴军舰队。齐军水兵用强弩、带火的弓箭借着风势攻击吴军战船，吴军战船顿时成为一片火海。

齐军完成了对庞大的吴军舰队的分割包围后，双方进入最惨烈的接舷战、白刃战。同时，齐军十余艘大型战舰在轻型高速舰艇的掩护下，包围了吴军舰队旗舰"余皇"号。"余皇"号是一艘巨大的楼船，高耸于水面，可以装载数百人，有厚重的木板防护，具有强大的防护能力和战斗力。但问题是，"余皇"号这种体积庞大的楼船属于典型的内河战船，不适合作为海战舰船使用。面对齐国重兵包围，"余皇"号上的吴军进行了顽强的抵抗，但已无力挽救败局。此时，吴军舰队损失过半，士兵死伤无数。为不致全军覆没，身中数箭的吴军主将徐承率剩余舰船拼死突出齐军重围，向南撤退而去。齐军则没有进行追击，而是在打扫战场后押着俘虏和战利品返航。

至此，这场吴齐海战以吴军的惨败和齐军全胜告终。海军在黄海惨败使吴军被迫全线撤退，吴国对齐国的第一次远征无果而终。

吴齐海战，作为拥有延续数百年之久的强大的航海经验和先进的航海科学技术的齐国，其在海战中胜出，最重要的海船建造技术等方面远强于长期居住在内河水域下的吴国。吴国无论是在国土面积、经济实力还是在人口数量、自然资源以及工业生产力等方面都远远弱于齐国。这种贫弱的国力，如果是支撑一场短期战争是完全可以的。但如果要支撑起与强国的旷日持久的大规模长期战争是不可想象的，失败也在所难免。

▲ [弓]

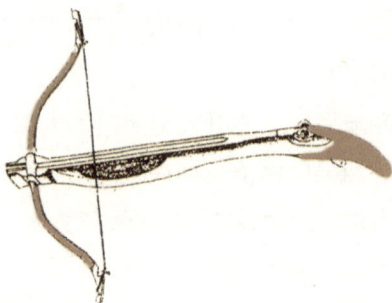

▲ [弩]

羊河海战

雅典海军对战斯巴达人

公元前 405 年夏，以雅典为首的提洛同盟与以斯巴达为首的伯罗奔尼撒同盟在羊河口海域进行了海战。凭借斯巴达名将莱山德的卓越指挥，斯巴达人成功地终结了持续了 27 年的内战——伯罗奔尼撒战争，取得了这场战争的最终胜利。

称雄于东地中海 70 余年的雅典帝国，虽然在伯罗奔尼撒战争前期和中期的陆战中屡遭败绩，甚至在远征西西里岛时还蒙受了全军覆灭的惨败，但由于拥有强大的海上实力，斯巴达人在公元前 411 年和公元前 410 年的两次海战中都损失惨重，不得不主动向雅典求和。雅典人在这种情况下本可光荣地结束这场旷日持久的战争。可是雅典当权者不顾国家财力、人力的枯竭和陆战中多次失败的现实，不肯结束战争。斯巴达人只得卧薪尝胆，寻机转败为胜。公元前 407 年，斯巴达海军悍将莱山德临危受命，接管斯巴达海军的指挥权。莱山德在波斯援助下，在短短数年内，就使斯巴达舰队的数量增加了一倍，达到了 200 艘的规模。

公元前 405 年夏末，莱山德指挥斯巴达海军，以迅雷不及掩耳之势，攻占位于赫勒斯滂海峡附近的雅典属地拉姆普萨科城，切断了雅典的补给线。雅典将军科农率 180 艘战船尾追而至，停泊于北岸的羊河河口，与拉姆普萨科城隔海相望，准备与斯巴达海军决一死战。莱山德见敌人来势凶猛，决意先退避三舍。

伯罗奔尼撒联盟是以斯巴达为霸主组织起来的，并由同盟的委员会所控制，委员会由两部分组成。一部分是斯巴达的公民大会，另一部分是同盟大会，每一个结盟的城邦，不论城邦的大小和强大与否，在同盟大会中都有一个投票权。

公元前 478 年，雅典组织中希腊、爱琴诸岛和小亚细亚的一些城邦形成新的同盟，同盟金库设在提洛岛，故名"提洛同盟"。它的目的原是为继续对付波斯联合作战，后成为雅典称霸工具，又称"雅典海上同盟"。公元前 454 年同盟金库迁到雅典。公元前 404 年，由于在伯罗奔尼撒战争中战败，雅典被迫解散提洛同盟。

◀ [斯巴达名将莱山德]

莱山德（？—公元前 395 年），古希腊斯巴达海军统帅。出生在斯巴达一个没落的贵族家庭。公元前 407 年，莱山德就任斯巴达海军统帅之职，终于得到了施展军事才能的机会，并在最后战胜雅典，结束了伯罗奔尼撒战争。

▲ [斯巴达勇士头盔]

▲ [青铜盾牌]

并把一块擦得锃光瓦亮的青铜盾牌交给他,然后命令全军上船,准备一声令下立即出击。那边雅典人麻痹大意,靠岸后即把战船停在海边,蜂拥上岸吃饭,并嘲弄斯巴达人贪生怕死。斯巴达侦察船见如此情况,立即返航,用青铜盾牌向莱山德发出可以出击的信号。莱山德看到信号后,拔出佩剑向羊河口方向一挥,200艘三列桨战船如离弦的箭向敌人驻地驶去。科农酒后突然发现海面上有大批战船向己方扑来,知道大事不好。他一边大叫着:"敌人来了!快上船!"一边拼命地向指挥舰跑去,在斯巴达海军赶到之前一共才集中了9艘战船,其余还散布在海边上。科农见抵抗也无济于事,匆忙率领9艘战船逃走,开往塞浦路斯。莱山德没伤一兵一卒俘获雅典战船170余艘,取得了彻底打垮雅典舰队的决定性胜利。

日落时分,骂了一天的雅典海军才驶回羊河口停泊,并上岸造饭。莱山德确知敌人已上岸休息后,才让在岸边严阵以待的士兵解散吃饭。一连4天,雅典人天天如此,骄横之气日盛,以为斯巴达人害怕出战,完全没有想到敌人采取的是一种故意示弱的策略。然而,战争很快就分出了胜负。第5天傍晚,叫骂了一天的雅典人离去时,莱山德急令一艘侦察船尾随其后,行前向船长交代任务,

斯巴达海军通过羊河海战的胜利切断了雅典的海上物资供应,并封锁了比雷埃夫斯港。公元前404年4月,雅典终于被迫投降,伯罗奔尼撒战争至此结束。伯罗奔尼撒战争也成为希腊从繁荣走向衰落的一个历史转折点,雅典自希波战争以来的海上霸权宣告结束。

▲ [雅典将军科农]

米拉海战

罗马人与迦太基人的海战

本不擅长海战的罗马人，发奋图强，利用"乌鸦式战舰"钩住迦太基人的战舰，把陆军士兵送到迦太基人的舰船上，进行近身战，使迦太基人大败。

迦太基人在强大的海军支持下，占领了地中海上很多的战略要地，如西西里岛、直布罗陀海峡和西班牙，成为雄霸地中海的霸主。

迦太基在最为强大的全盛时期，却遭遇到了一个致命的对手，这个对手和以往的地中海国家不同，它有着近乎疯狂的扩张欲望和异常顽强的征服意识，甚至史无前例的最终把整个地中海变成了自己国家的内湖。这个对手就是威震世界古代史的罗马帝国。

依靠海战，打败罗马帝国

公元前264年，罗马与迦太基的战争正式爆发。战争中，强悍的罗马陆军一再击败迦太基陆军。但是，在决定性的海上战场，罗马始终处于劣势。作为举世闻名的航海民族腓尼基人的后裔，迦太基有着优良的航海传统，拥有当时一流的海军舰队，而罗马人并不擅长海战。因此，在战争开始的一段时间，罗马始终败给迦太基。

"乌鸦式战舰"应运而生

公元前260年，罗马人决定集中力量建立一支强大的海军以扭转海上劣势。罗马人开始建造有5层划桨的大型战舰，这明显强于迦太基海军的3层划桨战舰。

▼ [乌鸦式战舰]

船上架设约12米长的吊桥，使用吊桥是通过控制吊杆的顶部滑轮，系在桥头的绳索通过滑轮可以将吊桥吊起、放下。当敌船接近时，突然放下吊桥，桥底的铁钩便会牢牢钉在敌船的甲板上，这样可以登上敌舰甲板上打一场陆战。由于吊桥形状酷似乌鸦嘴而得名"乌鸦吊桥"，装备这种接舷吊桥的战舰被罗马海军命名为"乌鸦式战舰"。

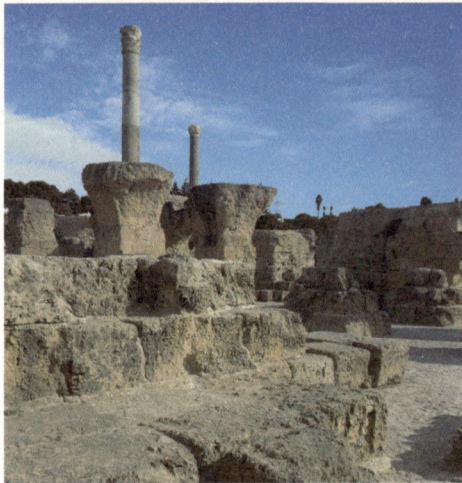

▲ [迦太基古城遗迹]

迦太基古城位于突尼斯城东北 17 千米处，是迦太基的首都。今天看到的迦太基残存的遗迹多数是罗马人在占领时期重建的。从残存遗迹可知当时工程之浩大，设计之精确。

不仅如此，还针对士兵不擅长海战的特点，在战舰船头安装有铁钩，船舷两侧装接舷吊桥，因为吊桥的形状酷似乌鸦嘴，因此又被称为"乌鸦吊桥"，而这种战舰则称为"乌鸦式战舰"。

经过一系列的准备后，由杜伊利乌斯率罗马舰队渡海南下，前往迦太基的海外殖民地西西里岛。

米拉海角海战

两军在西西里米拉海角附近遭遇，罗马海军与迦太基海军的大规模战争打响了。罗马舰队主将为杜伊利乌斯，迦太基舰队主将为汉诺。战斗中，迦太基人依仗其希腊式战舰航速快、机动性好、

迦太基人通过拥有庞大的船队，国民也善于航海，所以通过海路贩运奴隶、金属、奢侈品、酒和橄榄油等的商业活动很活跃。

人员训练有素的特点，企图采用撞击战术，用舰艏冲角撞击罗马战舰。而令迦太基人没想到的是，这正是罗马人所想要的。罗马战舰并没有像迦太基人想象中的那样躲闪，反而掉转船头以舰艏逼近迦太基战舰。当两舰靠近后，罗马人立即放下舰艏的"乌鸦吊桥"钩住迦太基战舰。同时，早已准备多时的罗马陆军重装步兵立即通过"乌鸦吊桥"冲上迦太基战舰。迦太基战舰上都是水兵和划桨手，他们早已经习惯撞击战和在远处用弓箭等远射武器对战的海战模式，更何况迦太基人本来就不是强悍的罗马陆军的对手。一时间，迦太基战舰上到处刀光剑影，鲜血迸溅。迦太基水兵的惨叫声响彻整个战场。罗马舰队大获全胜，迦太基海军损失战舰达 50 艘，剩余的迦太基战舰落荒而逃。

随着罗马人海军技术的日益精湛，罗马人侵入了迦太基国土，迦太基从此一蹶不振，彻底丧失了地中海制海权。而此时迦太基国内又爆发内战，内外交困的迦太基被迫向罗马求和，赔款 32 000 塔兰特，并将整个西西里岛割让给罗马。

◀ [迦太基博物馆雕像]

在迦太基古城附近有一座现代化博物馆，馆内保存并陈列着大量珍贵的历史文物。1978 年，联合国教科文组织将迦太基古城遗址列入第一批"世界文化与自然遗产"的名单中。

亚克兴海战

安东尼与屋大维的决战

公元前31年9月2日，安东尼与屋大维的舰队在希腊阿卡纳尼亚北部近亚克兴角的爱奥尼亚海海域爆发了一场大海战。屋大维的舰队由玛库斯·维普撒尼乌斯·阿格里帕指挥，而安东尼的舰队则由他的爱人克利奥帕特拉七世支援。战役以屋大维的胜利告终，促使他后来成为罗马帝国的统治者。

亚克兴海战是罗马共和国的马克·安东尼与古埃及托勒密王朝法老克利奥帕特拉七世联军与屋大维之间爆发的一场决定性战役。

兵力对比

公元前32年，安东尼率领6万步兵、1.5万骑兵、15万海军水兵、500艘战船（其中一半是埃及海军）直扑雅典。而此时屋大维也做好了充分准备，他动员所有的军队和船只，总计有步兵8000人、

▲ [马克·安东尼]

马克·安东尼是古罗马著名的政治家和军事家，关于他最广为流传的就是他与埃及艳后克利奥帕特拉的故事。

▲ [盖乌斯·屋大维]

盖乌斯·屋大维是罗马帝国的开国君主，元首政制的创始人，统治罗马长达40年，是世界历史上最为重要的人物之一。

他是恺撒的外甥孙，公元前44年被恺撒指定为第一继承人并收为养子。恺撒被刺后登上政治舞台。公元前30年，他平息了企图分裂罗马共和国的内战，后被元老院赐封为"奥古斯都"，并改组罗马政府，给罗马世界带来了两个世纪的和平与繁荣。公元14年8月，在他去世后，罗马元老院决定将他列入"神"的行列。

▲ [安东尼银币]

▲ [屋大维金币]

公元前 37 年，安东尼与埃及女王克利奥帕特拉七世结婚，并公然声称将罗马东方行省部分地区赠予她和她的子嗣。公元前 36 年，屋大维坐镇意大利与东方的安东尼对峙。屋大维趁机怂恿元老院和公民大会宣布安东尼为"祖国之敌"，并向埃及女王宣战。

骑兵 1.2 万人、战船 400 艘。其中陆军由他亲自率领，舰队则由阿格里帕指挥，他们分别集中在意大利东南部布伦西和塔兰托港。

屋大维舰队的战船上装备有一种叫"钳子"（也叫"乌鸦嘴"）的新武器，这是把一块跳板外面包上铁皮，一头装有铁钩，另一头拖有绳索，进攻时，用弩炮把"钳子"投射出去，用铁钩把敌舰拖近船舷作战。由于"钳子"有铁皮包着，敌人既无法砍断跳板，又无法割断后面的绳索。这种武器可发挥屋大维军队陆战实力强大的优点，是海军武器的一大进步。

而安东尼的战船则比较庞大，有的战船高出水面 3 米以上，有多层桨架，每支桨最多需 10 人划动。船上装有旋转的"炮塔"。船的两侧备有木材"装甲"，以防敌舰冲撞。安东尼的舰队共分 8 个支队，每个支队有一小队侦察船伴随。整个舰队分别配置在希腊西部海岸一带，主力位置在亚克兴海角。它位于普雷佛扎城以南，安布腊基亚湾狭窄出口处南岸。

炽烈的火焰映红了海面

公元前 31 年 9 月 2 日正午，大战也

▲［弩炮］

发明弩炮的是希腊人，真正把弩炮推向巅峰的却是罗马人。最早建立正规军事体制的罗马帝国极为重视弩炮的制造。

许多西方学者相信，弩炮的出现对古罗马共和制的瓦解产生了不可忽视的推动作用。一种武器改变了社会格局。

▲［机械投石器］

安东尼的士兵使用的机械投石器，是根据一种野驴和它的强大弹踢能力命名的武器，能够发射更大的石块。虽然这种武器也采用有弹性的动物肌腱，但是投石器是威力更大的迷你弹弓，用来发射装满圆石头或者易燃土球的桶。虽然它们没有弩炮那么精准，但是它们威力更大。

随风而至。安东尼和阿格里帕同时向对方战船侧翼迂回。不一会儿开始交战，安东尼的士兵不断用机械或手投掷巨石、弩箭和带倒刺的铁标枪。

阿格里帕率领左翼战船，充分发挥船体轻、机动性好的优点，避开安东尼舰队的远程矢石攻击，猛烈撞击敌舰，尝试将其击沉。

一次不成，立即退回，重新组织再次撞击。双方舰船互相撞击，海面上，大船、小船混杂在一起，喊声、号角声和船板破裂声交织在一起，战斗十分激烈。

屋大维舰队用弩炮把"钳子"投射出去，铁钩死死拖住敌舰，敌人砍不断

跳板，够不到绳索，船上的步兵则趁机踏着跳板跳到对方甲板上，用长矛、短剑杀死敌人，海战顿时变成了陆战。一番混战之后，屋大维命令舰队撤离敌舰，改用火攻。不一会儿，千万支火箭、扎着火把的标枪和发射器射出的涂有柏油的木炭块，从不同方向飞向安东尼的战船。霎时，安东尼的一些战船燃起熊熊大火，炽烈的火焰映红了海面。

古老的埃及托勒密王朝就此覆灭

安东尼的旗舰也被敌舰的"钳子"死死钩住了，他急忙爬上另一艘战船，带着残存的40艘战船逃走了。这时，夜幕已经降临，屋大维的舰队因为没带风

▲ [埃及艳后克利奥帕特拉七世]

埃及艳后克利奥帕特拉七世是托勒密王朝的最后一任法老。有人说她是"尼罗河畔的妖妇"，是"尼罗河的花蛇"，是世界上所有诗人的情妇，是世界上所有狂欢者的女主人；罗马人对她痛恨不已，因为她差一点让罗马变成埃及的一个行省；埃及人称颂她是勇士，因为她为弱小的埃及赢得了22年的和平。

她先吸引了恺撒，直至成为罗马实际上的"第一夫人"，恺撒遇刺后即返回埃及，又与罗马统帅安东尼相好。而后安东尼与恺撒养子屋大维争夺罗马统治权。

帆，而且也看不清整个战场，所以就没有追赶。第二天，没能逃走的安东尼的一些战船全部投降。安东尼的陆军看到海军大败，也都投奔了屋大维。自此，战争以屋大维的全胜而结束。

逃回埃及的安东尼从此一蹶不振，不问军政大事。公元前30年夏，屋大维进攻埃及，安东尼伏剑自杀。不久，埃及女王也自杀身亡，古老的埃及托勒密王朝就此覆灭了。

罗马才是帝国的中心

亚克兴海战，实际上是以屋大维为首的西方文明与以安东尼为首的东方帝国的较量。屋大维的取胜，奠定了埃及只是罗马的一个行省的地位，而罗马，才是帝国的中心。

亚克兴海战导致曾经无比发达的埃及王朝走向覆灭，从此埃及不再是一个独立的国家，这种局面一直延续到近代。罗马帝国北起多瑙河，南到非洲（包括埃及在内的北非一带），西起比利牛斯半岛，东到两河流域和小亚细亚半岛，形成了古代史上一个最庞大的帝国，地中海都成了罗马帝国的内湖。

▲ ［玛库斯·维普撒尼乌斯·阿格里帕］

古罗马政治家、将军。屋大维的密友、女婿和助手。万神殿建造者。

阿格里帕出身寒微，公元前45年参加恺撒军队，赴西班牙作战。公元前44年恺撒遇刺后追随屋大维，为其主要军事助手，屡建战功。公元前39年任高卢总督。公元前37年任执政官。后任海军统帅，对部队严格训练，同时改进舰船以增强承受敌舰撞击的能力，并发明了弹射搭钩。公元前36年在米拉海战和瑙罗卡斯海战中，击败庞培之子绥克斯都·庞培的舰队。公元前31年在亚克兴海战中，对敌舰队和陆军分别实行海上包围和海上封锁，击败安东尼和埃及女王克利奥帕特拉七世。罗马帝国建立后，任执政官和东部行省总督等要职，经常代理朝政，对帝国的巩固及罗马城的建设做出了贡献。

托勒密王朝或称托勒密埃及王国。是在古代马其顿君主亚历山大大帝死后，其将军托勒密一世所开创的一个王朝，统治埃及和周围地区。

托勒密王国建立者托勒密一世在公元前305年自立为国王并宣称自己是埃及法老。托勒密王朝统治埃及直到公元前30年埃及女王克利奥帕特拉七世（埃及艳后）兵败自杀为止，历经275年。

瑙罗卡斯海战

屋大维与庞培的对决

通过和腓尼基人的战争，罗马人认识到了制海权的重要，此时罗马帝国两个杰出的人物庞培与屋大维之间爆发了冲突，双方各有胜负，彼此都在等待最后的决战。

庞培经过之前多次海战，全歼了屋大维的海军，使罗马上下震骇，于是在公元前36年，屋大维向安东尼借了120条战船，准备开启与庞培的最后决战。

对于此战，屋大维信心满满，这是由于在他借的战船中，有10艘是当时最高级的三层桨座大船，不仅如此，屋大维还得到了一名历史上非常优秀的海军将军——阿格里帕，他不但作战勇敢，而且非常有智慧，他发明了一种类似钳子的新式海军武器，这种武器叫作"远程乌鸦"。

公元前36年，屋大维与庞培在西西里岛的瑙罗卡斯附近海域遭遇，阿格里帕指挥屋大维舰队300艘战舰与庞培的舰队展开决战。双方舰船数量相当，阿格里帕充分发挥新武器"远程乌鸦"的"钳子"作用，钩住一艘艘敌舰，使其被动挨打。经过一天的激战，阿格里帕指挥的屋大维舰队战胜了庞培，击毁、击沉庞培的船只约283艘，其剩余的船只也都有损伤。

此战，不仅使庞培的海军几乎全军覆灭，而且使屋大维在罗马元老院的号召力得以加强，赚足了政治砝码。

▲ [乌鸦吊桥]

古代海战

Ancient Sea War

博斯普鲁斯海战

弓箭和希腊火的妙用

科技不仅是第一生产力，也是第一战斗力。在博斯普鲁斯海战中，拜占庭帝国使用"希腊火"打败了古罗斯帝国的舰队。

古罗斯帝国是俄罗斯的前身，据说是维京人后裔。古罗斯帝国是东欧君主制国家，掌权者称为大公，又因首都设在基辅，所以在19世纪为了表明这一统治时期就称为"基辅大公"。

战争爆发于古罗斯帝国的基辅大公雅罗斯拉夫统治时期，他于1043年派儿子弗拉基米尔统帅海军舰队进攻拜占庭，舰队由400艘战船组成，水手约2万人，舰队浩浩荡荡地通过黑海，在博斯普鲁斯海峡入口处突然出现。

拜占庭帝国国王君士坦丁十一世帕里奥洛格斯获悉后，派泰奥托罗坎率舰队进行反击。弗拉基米尔得知敌舰队出动后，将罗斯舰队在博斯普鲁斯海峡入口附近排成一线。拜占庭舰队也将自己的战船列成一线，与之对阵。

▲ [雅罗斯拉夫]

在希腊火的起源上，拜占庭人流传着一个传说：帝国的创立者查士丁尼大帝，为了恢复昔日罗马帝国的容光而憔悴，并向上帝虔诚地祈祷；上帝被他深深地打动了，遂派一个天使，用耳语把希腊火的神秘配方传授给了他。

据说，希腊火最初于公元668年由叙利亚建筑师、工程师、炼金术士加利尼科斯发明并将配方带到君士坦丁堡，在此后800年中成为拜占庭帝国的秘密武器。

▲ [拜占庭帝国使用希腊火壁画]

拜占庭的一艘船使用希腊火对付叛军。

拜占庭主帅泰奥托罗坎首先命令两艘大型战船冲入敌阵，其他船只随在其后进行冲杀。交战中，拜占庭人使用弓箭和"希腊火"等武器杀伤敌人和焚毁敌船；罗斯人主要是强行靠上敌船进行接舷战斗。

在希腊人的威胁下，罗斯舰队逐渐失利，最后战败。

败逃的一些罗斯战船撤至黑海沿岸隐蔽，拜占庭舰队派出24艘战船追击。结果，这24艘战船反被包围，大部被歼，5艘被俘。

博斯普鲁斯海战的结果虽然是拜占庭舰队靠"希腊火"战胜罗斯舰队，但是拜占庭舰队在获胜后轻敌，反而在追击败逃的罗斯舰队时，被罗斯舰队反包围。这可谓是海战史上的一次笑话。

希腊火是拜占庭帝国所发明的一种可以在水上燃烧的液态燃烧剂，为早期热兵器，主要应用于海战中，"希腊火""希腊火药"或"罗马火"只是阿拉伯人对这种恐怖武器的称呼，拜占庭人自己则称之为"海洋之火""流动之火""液体火焰""人造之火"和"防备之火"等。根据文献记载，希腊火多次为拜占庭帝国的军事胜利做出贡献，一些学者和历史学家认为它是拜占庭帝国能持续千年之久的原因之一。

希腊火的配方现已失传，成分至今仍是一个谜团，而据当时受希腊火所伤的十字军记述："每当敌人用希腊火攻击我们，所做的事只有屈膝下跪，祈求上天的拯救。"这足以说明希腊火的威力。

基奥贾海战

威尼斯人对热那亚人的挑战

基奥贾海战是威尼斯与热那亚在公元 1378—1381 年爆发的第三次威热战争中的重要战役，由威尼斯获得了最后的胜利。

威尼斯与热那亚两个海权强国从黑暗时代就由与君士坦丁堡的贸易发展起来，因此也为了贸易在东地中海发生过数次冲突。在第二次威热战争中，热那亚被威尼斯重创，因此欠下米兰大笔的债务，但热那亚很快就还清了债务。同时，威尼斯虽然在财务上也逐渐从战争的损失中恢复，但却面临着北方匈牙利的威胁，被迫放弃了许多土地。

热那亚的盟友主要为了匈牙利及帕多瓦。匈牙利的国王拉约什一世从威尼斯手中征服了达尔马提亚，并在公元1379 年从陆路给予威尼斯北方直接的威胁。而帕多瓦则是在卡卡雷西家族的领导下切断了威尼斯与西方的联系。此外，阿奎莱亚和奥地利公爵利奥波德三世也站在热那亚这边。

对于这两个国家而言，第二次威热战争的结束，只不过是下一场大战爆发之前的休战期——热那亚人与威尼斯人彼此都很清楚，地中海只能有一个霸主，不是你死，就是我亡。

1379 年 12 月 21 日深夜，在孔塔里尼总统坐镇旗舰压阵下，威尼斯海军将

▲ [基奥贾小镇]

基奥贾小镇有"小威尼斯"的美誉，从地貌到建筑乃至生活传统都是不折不扣的"迷你"版威尼斯。

领维托·比萨尼率领 34 艘桨帆船、60 艘客货船与商用帆船及百余艘贡多拉小舟，载运了上千吨的石头、6000 名水手和弩弓兵，悄悄地从威尼斯出航，不点灯也不吹号，钻过热那亚人不清楚的狭窄水道，开向亚得里亚海。

当时威尼斯城遭到了热那亚军近 4 个月围城，由于基奥贾水道遭到堵塞，因此热那亚军把攻击重心摆在中央的利多岛水道与北方的幕拉诺水道，但因为威尼斯人拔除了潟湖中所有标示水深的标柱，经过几次不太成功的攻击，热那亚也仅能在利多岛和基奥贾站稳桥头堡而已。热那亚海军司令官皮耶托·多利亚对于攻陷威尼斯势在必得，他不惜把舰队集中到威尼斯涡湖里，打算用来架成一道可以直取威尼斯市街的陆桥，因此在这个时间点有半数以上的热那亚船都停泊在潟湖内。

当晚，威尼斯将领塔德欧·杰士汀尼带领 1000 诱敌部队突袭基奥贾，他们发射火箭、敲锣打鼓甚至用大炮轰炸，这使热那亚军突然被惊醒，他们把所有的兵力都赶往潟湖南边的基奥贾增援，完全没注意到比萨尼的舰队已经绕到了背后。

22 日凌晨，比萨尼下令全体舰队自沉，堵塞利多岛水道与幕拉诺水道，全体水手与陆战队员登陆利多岛，热那亚守军突然遭受来自背后的猛击，猝不及防下全部被推入海中，威尼斯军收复利多岛。破晓时分，皮耶托·多利亚错愕地望向亚得里亚海——威尼斯人用堵塞船，封死了所有通往亚得里亚海的水道。一夜之间，原本要来包围威尼斯的热那亚舰队，反过来成为了被包围者。

热那亚军慌忙展开突围战，亚得里亚海上残余的十余艘大帆船也从外侧赶来支援，而岸边的帕多瓦军也往基奥贾方面增援，看到热那亚军打算确保基奥贾，爆破掉自沉于此处的阻塞物，让水道恢复畅通。于是威尼斯市民军划着贡多拉小舟赶往基奥贾，在这里与热那亚联军展开了激战。

经过 10 天的攻防战，意图接近水道的热那亚工兵都被威尼斯弩手射杀，但是威尼斯人也在连日惨烈肉搏之下死伤惨重，正当双方都濒临极限之际，一支由 18 艘战船组成的新舰队突然出现在亚得里亚海上，朝威尼斯驶来。如果来的是威尼斯舰队，那么就可解基奥贾之围；但倘若到的是热那亚舰队，恐怕威尼斯人已达极限的士气就要崩溃瓦解了。不过，这支充满了热那亚式风帆商船的舰队，却悬挂着红底金狮子旗。

1380 年 1 月 1 日，与比萨尼一起号称威尼斯双璧的卡罗·詹诺舰队返航威尼斯。詹诺舰队的参战，彻底奠定了威尼斯的胜利，亚得里亚海残存的热那亚舰队全灭，威尼斯掌握了制海权。

即使看到舰队被消灭，但是皮耶托·多利亚率领热那亚人顽强抵抗，而威尼斯军则逐步压缩包围圈，并不急于进攻，他们切断了帕多瓦通往基奥贾的

▲ [都灵王宫旁的骑士雕像]

都灵王宫是萨伏依王朝皇室的居住地，于 1646 年由卡洛·埃马努埃莱二世建造。
12—19 世纪期间，都灵是萨伏依王朝的首都，因而王宫中保存有当时贵族生活方式的大量证据。
王宫建筑风格奢华，各个房间都按照萨伏依王朝贵族的口味进行了装饰，其中有很多的钟表、瓷器、
银器及各种古代家具。宫殿门的门廊之下的皇家军械库还藏有大量 16—17 世纪的武器。

道路，缓缓地将遭到围困的热那亚－帕多瓦联军逼入绝境。

被困在潟湖与岸际之间沼泽地的热那亚军很快陷入士气衰竭的绝望境地，而匈牙利盟军屡次尝试从外部攻破包围网，帕多瓦城也以河运方式抢运物资通往包围圈内，但却因为斗志高扬的威尼斯人奋战不懈而徒劳无功。

皮耶托·多利亚以飞箭传书联络帕多瓦人，请他们派出使节前往热那亚求援，热那亚人非常清楚，唯有击溃威尼斯舰队，才有可能解除包围网，因此热那亚本国从1380年1月底就加派了一支由39艘船组成的舰队赶往亚得里亚海。4月初，热那亚增援舰队来到威尼斯外海，但是卡罗·詹诺却当着热那亚残兵的面，硬生生地把这支远道而来的舰队摧毁殆尽，胜负仅仅在一下午之内就分出来了，热那亚军最后的一丝希望也化为泡影。

最后皮耶托·多利亚自暴自弃地提剑带领士兵们向基奥贾作最后的冲锋，他被威尼斯的大炮击毙，没有留下完整尸首。在司令官战死后，潟湖内的热那亚残军于1380年6月24日投降，结束了将近一年的基奥贾战役，威尼斯海军取得了胜利。

威尼斯人扣押了4000余名热那亚战俘，挟战胜之威砸钱雇用欧陆各地佣兵击溃了帕多瓦军、匈牙利军，并派遣舰队扫荡亚得里亚海上残存的热那亚舰队。足智多谋的维托·比萨尼于1380年8月13日不幸战死于海上遭遇战，时年56岁。

卡罗·詹诺接替了比萨尼的位置，他带领舰队消灭了大半热那亚海军，并开往西地中海持续给热那亚施加压力。威尼斯暗中的盟友米兰大公也展开了行动，米兰威胁热那亚若不停战，则将出兵热那亚；在帕多瓦和匈牙利败退，全国损失六成以上的舰艇和海军兵员，多

《都灵和约》乍看之下对威尼斯不利，但它结束了威尼斯与热那亚之间长期的战争。因此，对热那亚来说，这最多只能算是惨胜而已，热那亚的舰队受到了严重的损失，之后再也没有完全重建回来，而且热那亚本身也陷入了与其他城邦的战争及内乱当中。而威尼斯则是在之后数十年间收复了失土，且更重要的是，威尼斯独占了地中海的贸易，并利用其利益来壮大自己。

利亚兄弟战死，背后又出现了米兰威胁的绝境下，热那亚不得不接受战败的现实。

米兰委托关系良好的萨伏依伯国进行调停，威尼斯与热那亚派出特使，在萨伏依境内的都灵进行和谈。大出热那亚人的意料之外，威尼斯提出了相当宽大的，甚至可以说是自杀性的退让条件，来取得一个立即有效的和平协议。

基奥贾海战使威尼斯摧毁了热那亚及其联盟的海上势力，取得了地中海的制海权，同时也为后来的《都灵和约》打下了基础。

《都灵和约》分为四个独立的部分。其中规定：

在威尼斯与匈牙利的条约中，威尼斯每年需付7000金币给匈牙利。

而匈牙利则是不许让船只在流入亚得里亚海的河流上行驶，达尔马提亚的商人不许向威尼斯购买超过35 000金币的货物；忒涅多斯岛交由萨伏依伯国托管，并赶走上面的居民，威尼斯承诺不支持塞浦路斯。

威尼斯与帕多瓦的条约中要求双方必须交出占领的领土。而威尼斯与第里雅斯特的条约则是第里雅斯特可以付出贡金换取自由。

第乌海战

18 艘打败 2000 艘的海战

第乌海战是葡萄牙与埃及（由马穆鲁克苏丹王朝、赞默林王朝和古加拉苏丹王朝三支部队组成）、奥斯曼帝国的联合舰队之间爆发的海战。经过此战，让世界知道了葡萄牙。

▲ [达·伽马]

瓦斯科·达·伽马（约公元1460—1524年），开辟西欧直达印度海路的葡萄牙航海家，早期殖民主义者。他是从欧洲绕好望角到印度航海路线的开拓者。生于葡萄牙锡尼什，卒于印度科钦。青年时代参加过葡萄牙与西班牙的战争，后到葡萄牙宫廷任职。

葡萄牙人在海上的活动日益活跃，东、西方交易基地从地中海移到了大西洋沿岸，这严重影响了威尼斯商人和奥斯曼君主的利益，他们决定要好好教训一下葡萄牙人，这使葡萄牙人新建立的殖民地岌岌可危。

在 1505 年，应航海家达·迦马的建议，葡萄牙国王派出一支船队，以加强在东非和印度新建立的殖民地，由堂·弗朗西斯哥·德·阿尔梅达任指挥官。

双方兵力

葡萄牙舰队由阿尔梅达率领，拥有18 艘船、1800 名葡萄牙战士和 400 名印度科钦土兵。他们的船有四根桅杆，上面挂三角帆及横帆，这样能使船的动力更强，可在顺风和逆风中快速行驶。他们在船上的多层甲板上安放了重型火炮，侧舷两头也安装了许多火炮，有娴熟的炮手操纵，并且葡萄牙人的战船坚固异常、功能优良，小型船舶根本不是它的对手。

由马穆鲁克苏丹王朝、卡利卡特的赞默林王朝、古加拉苏丹王朝以及奥斯曼帝国组成的联合舰队有船 2000 艘，战士 20 000 名，但其中只有 12 艘大船，其他的都是单桅帆船。联合舰队在数量上占绝对优势，信心满满地要把葡萄牙人完全干趴下。

战争结果

1508 年，阿尔梅达率领舰队，跨过印度洋抵达印度的第乌城，与联合舰队相遇了。

战役打响后，阿尔梅达将 18 艘战船

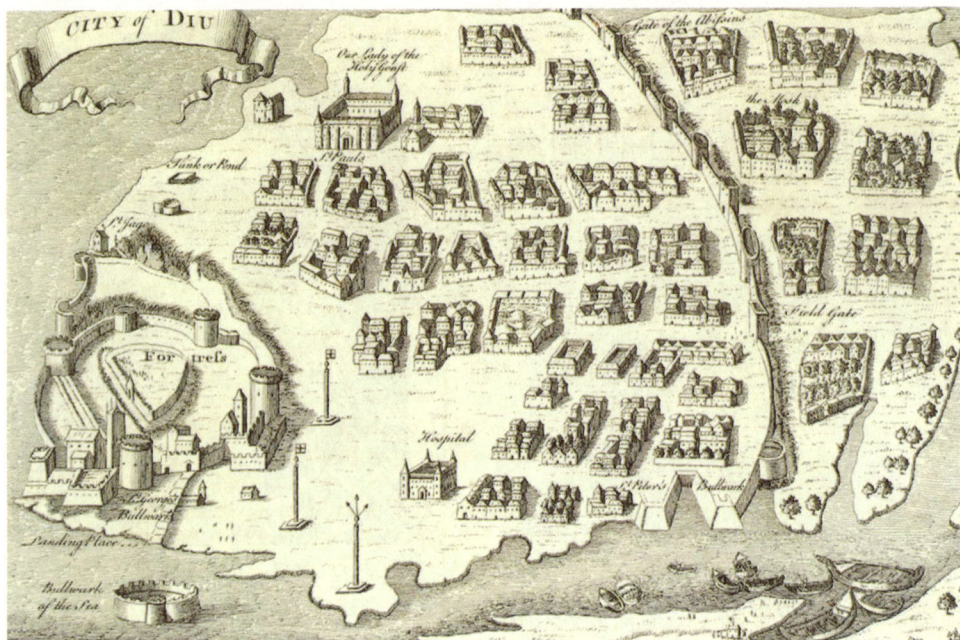

▲ [1729年刻板画《第乌城》]

首尾相连排成一排，形成坚不可摧的海上堡垒。

联合舰队利用数量优势，扑向葡萄牙人，葡萄牙人的18艘船则一起发射火炮，将联合舰队的小舟纷纷击沉。

最终，联合舰队伤亡过半，只能撤退，而葡萄牙人只有几十人受伤，从此阿拉伯人丧失了在印度洋的制海权，印度洋沿岸的东非、阿拉伯半岛、印度等区域先后被葡萄牙、荷兰、法国和英国殖民。此战也掀开了风帆炮舰的新时代。

▲ [马穆鲁克的骑兵]

马穆鲁克的原意是"奴隶"，因为音译的不同，也被译为"马木留克"，马穆鲁克是中世纪服务于阿拉伯哈里发的奴隶兵，奥斯曼帝国时期，马穆鲁克建立的埃及马穆鲁克王朝长期与奥斯曼帝国为敌，直到1517年被奥斯曼帝国苏丹塞利姆一世击败。

在世界海战历史中，第乌海战只是一次规模不大的战役，但是此战的意义却是重大的。此战对东方国家落入被侵略的命运起了决定性的作用。

加莱海战

无敌舰队的失败

英西加莱海战也被称为格拉沃利讷海战，是英西战争的组成部分。该事件最重要的影响之一是，无敌舰队的失败被视为上帝支持英国新教改革的一个标志。西班牙此役后不得不暂时放弃在英国沿岸登陆的企图。英国舰队由于这次胜利，打破了西葡帝国在大西洋上的制海权，从而能对西班牙沿岸进行劫掠性的侵袭，英国开始掌握主动权。

1559 年 1 月 15 日，伊丽莎白一世加冕为英国女王后，英国通过圈地运动、血腥立法、海外掠夺，特别是把海外贸易与赤裸裸的海盗行为结合在一起，获得了迅速发展，同时有着强烈的向外扩张欲望。

16 世纪，封建的军事殖民帝国西班牙在西半球不可一世，垄断了许多地区的贸易，其殖民势力范围遍及欧、美、非、亚四大洲。据统计，公元 1545—1560 年间，西班牙海军从海外运回的黄金达 5500 千克，白银达 24.6 万千克。到 16 世纪末，世界贵重金属开采中的 83% 为西班牙所得。为了保障其海上交通线和其在海外的利益，西班牙建立了一支拥有 100 多艘战舰、3000 余门大炮、数以万计士兵的强大海上舰队。

▲ ［弗朗西斯·德雷克］

德雷克拥有"海上魔王"之称，他同时也是一个极富争议性的人物，既是一名贵族，被授予英格兰勋爵，又是一个横行无忌的海盗，打破了西班牙控制大西洋的局面。而德雷克海峡，就是由他发现并以他名字命名的。

英国的扩张，势必同西班牙发生矛盾。当时英国的海上实力并不强大，难以与西班牙海上舰队相匹敌，只能靠海盗头子德雷克、豪金斯和雷利等组织的海盗集团在海上袭击、拦劫西班牙运载金银的船只，进行海盗活动。而腓力二世却拥有一支庞大的舰队——"无敌舰队"。

为了消灭英国这个竞争对手，腓力二世扩编了"无敌舰队"，由梅迪纳·西多尼亚公爵担任舰队总指挥。这支庞大的舰队由重型军舰和其他类型舰船 128 艘、火炮近 3000 门以及 2 万多名精锐的

▶ [伊丽莎白一世]

伊丽莎白一世小时候亲眼看见自己的母亲被父王亨利八世处死，因而对婚姻心怀恐惧，甚至有点心理变态。国外的王子向她求婚都会被骗到英国处死。因为她觉得那些人并不是真的爱她，而是奔着英国的王位来的。最后女王终身未嫁，是英国历史上著名的"童贞女王"。

伊丽莎白一世女王在450多年前就卖过"爱国奖券"，可算是奖券领域的鼻祖了。当时英国财政吃紧，有好几个港口需要整修，要加税得通过国会这一关，要有钱人捐输又做不到。为了筹措财源，女王就叫史宾赛爵士筹划卖奖券。不过，奖券卖得不好，所以后来就停办了。

水兵编成。

1558年5月，"无敌舰队"预定驶往敦刻尔克，舰队先装载了西班牙驻在尼德兰的军队，然后驶往距伦敦不远的泰晤士河河口，企图让搭载的海军陆战队登陆，直逼伦敦。

为了反击西班牙海军舰队和陆战队，保卫伦敦，英国立即着手建立了一支大型舰队，由德高望重的海军总司令霍华德海军上将亲自指挥。这支舰队由各型军舰和运输舰197艘以及火炮6500门编成。舰上人员大部分是英国各城市委派来的海盗和长期从事海上贸易的经商人员。全体水手都曾经在商船或渔船上有过良好的航海训练，并且经常参与海上掠夺西班牙船只。一些有名的航海家和大海盗头子都加入了舰队。另外，英国舰队使用的舰船轻巧、灵便，无论航海性能还是战斗性能都普遍优于自己的对

手。英国的作战企图是：避免全面海战和大规模交手，而要在西班牙大舰队的翼侧和后方积极出动，连续不断地攻击其分舰队或单只军舰。

与此相反，西班牙舰队的战船体大笨重，船身像楼宇一样高耸，航行极不灵活。西班牙还死死抱住传统的接舷战术不放，仍然准备采用横阵战术，实施接舷肉搏。"无敌舰队"各战船上装备的火炮数量虽少，但其重量也不轻，每门炮的弹丸重量要比英军的重约3千克。另外，西班牙舰上装的大多是笨重的火炮，只有少部分是中等射程的加农炮及阻击敌军登船的轻型武器。而英海军的大部分火炮射程都较远。总之，西班牙"无敌舰队"在打击力量方面占有优势，而英国舰队则在战舰的机动性和射程方面压倒对方。

1588年5月，"无敌舰队"在梅迪纳·西

对于西班牙来说，自然不允许其他国家分享他来自殖民地的利益。

而西班牙国王腓力二世起初勾结英国天主教势力，企图把信奉天主教而流落在英国的苏格兰女王玛丽扶上英国王位。当英国的天主教徒在西班牙的怂恿下谋刺伊丽莎白一世而另立玛丽时，伊丽莎白一世趁机处死了玛丽。腓力二世谋算不成，就只能用武力征服英国。

多尼亚公爵的率领下，从里斯本起锚出航。英国舰队在霍华德海军上将的率领下，也于6月24日登上征程。

7月20日，英国舰队与"无敌舰队"在艾地斯东和孚威之间的海面相遇。由于距离不是很近，所以一整天的时间，西班牙人都不曾发现英国舰队已经悄悄地逼近了。

第二天，西班牙"无敌舰队"才有所察觉，并开始调整阵容。西多尼亚立即命令长蛇般的各分舰队，拉开作战的架势。月亮升起来了，高高地挂在天空，"无敌舰队"还在紧张地调整部署。明亮的月光将"无敌舰队"的位置和行动清楚地暴露给了英国舰队。突然，8艘英国军舰从普里茅斯港口驶出，向"无敌舰队"左舷侧疾驰而来。西班牙人认为，这是英国舰队主力的前卫，大军还在后面。其实，霍华德已经率领50多艘舰船，顺风向艾地斯东以西驶来，距离"无敌舰队"很近了，只是由于黎明前的黑暗，"无敌舰队"竟然没有发现任何可疑现象。

次日拂晓，西多尼亚才发现大批英国舰船摆在对面，并开始准备攻击了，而自己正处于逆风的位置，这个不利态势让西多尼亚惊呆了，他不得不马上升起王室的旗帜，发出全面准备战斗的紧急信号。

英军占尽"天时"和"地利"的有利条件，即顺风而行，因而首先赢得了主动权。它们列成纵队，一面向前行驶，一面开炮射击。其炮火的猛烈程度是海战史上前所未有的。猛烈的炮火使"无敌舰队"的一些舰船完全丧失了战斗能力，一部分舰船长官已经感到心惊胆战，舰队的军心开始动摇。恐惧的心理状态，使"无敌舰队"根本无法进行有力的还击，因而渐渐感到支持不住。这次战斗，是两国舰队之间第一次正式交手，"无敌舰队"便在精神上受到巨大的冲击。就连总指挥西多尼亚也承认："敌人的舰只轻快而灵活，对它们真有无可奈何之感。"

遭受重大打击的"无敌舰队"企图驶往维特岛，建立前进基地。而英国舰队始终咬着"无敌舰队"，双方激战不休，互有损失。26日黄昏，西班牙"无敌舰队"残部抵达加莱附近海域，在加莱与格里斯尼兹岗之间投锚，英国舰队也已经赶来。鉴于"无敌舰队"弹药空虚，英国舰队便大胆地在敌舰长炮射程之内投锚，甚至一些英国舰只出入到敌舰轻武器射程的边缘线上，穿来穿去，随心所欲，而西多尼亚却无可奈何。此刻，西班牙"无敌舰队"只能祈望神灵的出现来阻止英国人的攻击。西多尼亚公爵一筹莫展，不知该采取什么对策时，一场更大的灾难又降临到西班牙"无敌舰队"残部头上。

28日晚，8艘英国火船顺流而下，向西班牙舰队锚地迅速漂去。这些火船像一条条火龙直撞西班牙战船，顿时，熊熊烈火笼罩了"无敌舰队"，到处浓烟滚滚、火光冲天。西多尼亚公爵本来就不熟悉水战，这下更慌了手脚，慌乱中又下达了"砍断锚索"的错误命令。他原意是想使舰队中各船拉开距离，躲过火船，然后再集结各船。谁料，这个错误的决定使部下更加恐慌，急忙择路逃命，整个舰队乱作一团。一些木壳船被大火点燃。在混乱中，许多船只由于只顾夺路奔逃，结果相互碰撞，甚至互相打了起来，全舰队开始溃散。

好不容易躲过了火船，扑灭了大火，西多尼亚命令所属各分舰队向加莱集中，但只有少数舰只执行了他的命令，大多数舰船损毁严重，由于刚才砍去两只锚，只靠剩下的一只铁锚已经系留不住，于是沿海岸向东北方向漂去。西多尼亚无可奈何，只好带领旗舰，随着大多数舰只漂流而去。其时，英舰队各船上的弹药已剩不多，西班牙舰队各船的弹药更是所剩无几。

此时发生的情况，霍华德观察得清清楚楚，狡猾善变的德雷克见状没有草率收兵，"无敌舰队"正以杂乱无章的队形驶向敦刻尔克方向，这样它就没有可能再回到加莱了。霍华德立即命令舰队全速追击。在高速航行中，英国舰队

▲ [西班牙国王腓力二世]

腓力二世的执政时期是西班牙历史上最强盛的时代。在腓力二世统治下，西班牙的国力达到巅峰，历史学家常认为这段时间为哈布斯堡王朝称霸欧洲时期。腓力二世雄心勃勃，试图维持一个天主教大帝国，但最终未能成功。

与"无敌舰队"的距离逐渐缩短。考虑到自己的弹药也不是十分充足，霍华德命令舰队尽量靠近敌人，在保证弹无虚发、全部命中的最近距离上，开始实施炮击。此时，"无敌舰队"已经没有弹药储备了，英国舰队抓住他们这个弱点，连续不断地向敌舰发射大大小小各种炮弹。"无敌舰队"只有后退，而无招架之功。

第二天上午9时，双方舰队在格南费里尼斯角接火。英国舰队紧追不舍，步步紧逼，而"无敌舰队"各舰彼此距离拉得更大了，秩序也更加混乱。英国舰队的各式舰载火炮巧妙配合，相互支援，打得有章有法。海战一直持续到下午6时，突然风向转变，霍华德及时命

令舰队摆脱战斗，"无敌舰队"乘此机会，退出英吉利海峡。

在整整一个星期的交战中，"无敌舰队"耗费了10万多发大型炮弹，而英国舰队却无一艘舰只遭到重创，只是阵亡了1名舰长和20余名水手。与此相反，仅仅格南费里尼斯一战，"无敌舰队"即死伤1400余人。

8月7日，"无敌舰队"停泊在加莱附近。子夜时分，英国舰队追赶上来，并展开了强大的攻势。"无敌舰队"为躲避英国舰队的攻击，仓皇撤离作战区域。

8月8日，在格拉夫林子午线上，英国舰队又紧逼"无敌舰队"的50多艘军舰，以优势的兵力发起了攻击。这一次遭遇战，"无敌舰队"被击沉16艘军舰，而英国军舰虽有一些创伤，但无一艘被击沉。

惶恐不安的西多尼亚集中起"无敌舰队"的残余舰只，从北面绕过不列颠群岛向西班牙驶去。英国舰队取得了胜利，但由于一些舰船受创，加之弹药严重不足，霍华德命令停止追击。

"无敌舰队"向西班牙返航的途中损失极大。由于加莱海战中许多舰船被英军击沉、击伤，水兵侥幸逃上岸后，绝大部分又被英军剿杀；有一些舰船虽然未被重创，但其乘员因受伤、饥饿和断水等原因，死亡者数以千计；另有一些残余舰只在苏格兰海岸附近被狂风恶浪打散，英军仅仅在爱尔兰西海岸就生

▲ [加莱海战英国战船上装备的火炮]

据悉，从16世纪沉没的英国战舰"伊丽莎白"号上发现的沉船大炮可被誉为英国第一种"大规模杀伤性武器"，是当年大不列颠夺取海上霸权的最好见证。虽然这几门16世纪的沉船大炮模样都十分原始，但却证明了伊丽莎白时代英国海上军力之强。这种大炮发射的炮弹能以接近音速的速度飞行，其打击力度足以击穿敌人100码以外大型帆船上的实心橡木船板。

考古学家称，这种大炮是从一艘名为"伊丽莎白"号、于1592年沉没的英国战舰上发现的；它不仅装备有铸铁打造的枪械，就连使用的弹药也是高标准的。牛津大学海洋考古学家曼森·邦德说："以前从没有测试过这一时期的这一种类的枪械，并且结果让我们感到十分惊讶。大炮测试显示，这种炮的炮弹出膛速度近乎完美，能够达到接近音速；并且打出的炮弹能轻易击穿4英寸的实心橡木。"

伊丽莎白一世时代的英国海军建立了统一规格的大炮，这些大炮能同时发射杀伤力极强的排炮。即便在200年之后，纳尔逊将军在海战中仍然在使用这种大炮。伊丽莎白一世时代的英国海军实现了人类在海上作战的飞跃，并使英国的海上作战能力大大超越了当时其他海上强国。

俘了5000多名被海浪涌到该处的西班牙水兵。

西班牙"无敌舰队"在加莱海战的失败，严重削弱了西班牙的海上战力，此后，西班牙被迫放弃了在英国沿海登陆，入侵英国本土的企图。英国舰队则由于赢得了这次海战的全胜，夺取了大西洋上的制海权，从而能够有力地对西班牙沿海进行掠夺性的侵袭，并为以后争夺西班牙在美洲的殖民地打下了基础。

勒班陀海战

奥斯曼帝国舰队与基督教联合舰队的较量

1571年，在奥斯曼帝国的强大海军向欧洲发起进攻时，由西班牙殖民帝国、罗马教廷和威尼斯组成的基督教联合舰队与奥斯曼帝国舰队在勒班陀海角发生了一场大战。最终奥斯曼帝国海军损失惨重，彻底失去了进军欧洲的能力，这场战役与查理曼大帝抵御摩尔人的多尔城战役并称为保卫天主教的两大战役。

勒班陀海战标志着桨船时代的结束，以及风帆战船和舰炮时代的到来。

基督教联合舰队与奥斯曼帝国舰队战前准备

基督教联合舰队司令由唐·胡安担任，他是西班牙国王腓力二世的异母兄弟，在24岁时已是一个在陆地和海上有着丰富成功经验的将领。

基督教联合舰队约有200艘桨帆战舰，多半来自威尼斯和西班牙，少部分是教皇的和热那亚、萨吾伊和马耳他的。

▶ [唐·胡安画像]

唐·胡安（唐·约翰或唐·璜）是西班牙国王卡洛斯一世和芭芭拉·布隆伯格的私生子。刚出生就被交给一个巴塞罗那贵族抚养。1559年腓力二世带他第一次与隐居的父皇见面，赐名奥地利的唐·胡安，算是认祖归宗。西班牙帝国全盛时期的将军。1571年领导西班牙无敌舰队取得勒班陀海战胜利。1578年1月在布拉奔大胜革命军，几乎全歼了尼德兰军队。同年10月，因染病死于尼德兰让布卢郊外。

钉爪吊桥

▲ [桨帆战舰]

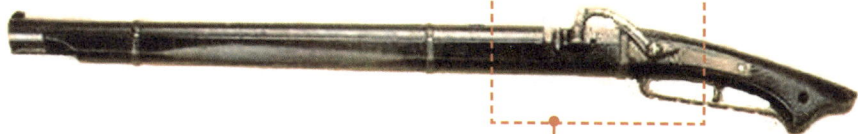

海上人员共有 4.4 万，包括桨手和 2.8 万名士兵，三分之二的供应由西班牙供给。

奥斯曼帝国的舰队由阿里·巴夏指挥，大约有 250 艘桨帆战舰，5 万名水手和 2.5 万名士兵。

当时作战的大型桨帆战舰是狭长形的平底船只，与古希腊和罗马时代的战舰差不多。但在过去安装撞角的水线上方，安装了一个 5.5 米长的钉爪吊桥。

许多基督教联合舰队士兵装备有火绳枪，这种枪是滑膛枪的前身，而土耳其人此时仍用弓箭。所有的桨帆战舰都装有火炮。威尼斯人带来 6 艘加莱赛船，这种船虽然行动迟缓但在甲板上和舷侧均装有火炮。

唐·胡安奋勇冲杀并杀死了阿里·巴夏

有经验的海军将领都知道，桨帆战舰海战风险极大——风向稍微改变，或

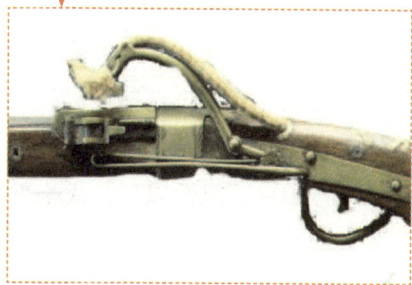

▲ [火绳枪]

火绳枪就是靠燃烧的火绳来点燃火药，故名火绳枪。火绳枪在火器发展史上具有里程碑的意义，是现代步枪的直接原型。火绳枪的出现也改变了战争的形态，伴随着火绳枪的发展，人类的战争从冷兵器进入到热兵器时代。

者一个小小的错误，都可能让整个舰队侧边朝上，毁于一旦。

1571 年 9 月中旬，基督教联合舰队从墨西拿海峡出发，渡海来到希腊海岸，在勒班陀附近展开。他们已知道土耳其人在那里调动了舰队准备战斗。

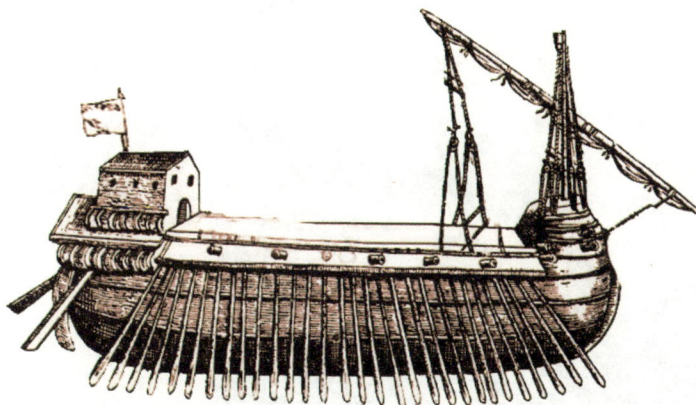

◀ [重型堡垒战舰]

这种堡垒战舰除了前方，侧面也装备了大炮，故能向各个方向开火。但这种漂浮的枪炮平台行动特别慢，所以必须把它们拖到适当的位置，列于其他船只前面。

10月7日早上，基督教联合舰队的监视哨观察到阿里·巴夏的分舰队正在进入帕特拉斯湾，专门等待对方进入自己的杀伤范围。

唐·胡安对古老的海战形式进行了改革，专门安排重型堡垒战舰行进在分舰队的前面。当奥斯曼人的舰只向前推进时，他们必须绕过这些浮动堡垒。这些堡垒舰则可以用舷炮猛击敌人。

双方的战阵靠近以后，火炮就开始射击。但每艘舰上的前炮仅发射了两至三发，战斗就变成了短兵相接的混战。特别是在中路，双方使用撞角撞击，钩爪钩住敌船，强行登上对方的舰船，在甲板上进行厮杀。

经过4小时激战。奥斯曼帝国舰队惨败，阿里·巴夏及3万名将士战死，8000人被俘，损失舰船230艘。基督教联合舰队损失将士1.5万人、舰船13艘。勒班陀海战后，奥斯曼帝国海军遭到毁灭性的打击，本来拥有约300艘战船的奥斯曼帝国舰队只剩下百余艘战船，其中很多受到重创。

基督教联合舰队虽然获胜，但由于同盟国家互不协调，未能把奥斯曼帝国势力逐出东地中海。奥斯曼帝国只是暂时失去了地中海的海上霸权。之后土耳其人只用了一冬季便重建了舰队，而且舰船数量比战前还有增加。

在这次战役后，人们发现以风帆作动力的战船更具机动力，更适合用于作战；此外，人们也发现火器的使用在海上战争中越来越重要。这使得欧洲的帆船开始出现改变及发展，更逐渐开发出以火炮为主力武器的战术，影响了日后海上战争的发展。

> 勒班陀海战前夕传来法马古斯塔被攻克，塞浦路斯已全境沦陷的消息，奥斯曼人把所有守军都残忍处死或卖做奴隶，基督教堂被毁，坟墓也被刨开洗劫，这些骇人听闻的新闻更加激发了基督教联合军队的斗志。

◀ [勒班陀战役 - 油画]

此画是西班牙画家胡安·卢纳的代表作，完成于1887年。色彩丰富，表现的是西班牙人的英勇，在画面左上角全身盔甲的就是指挥官唐·胡安。

露梁海战

中朝联手灭倭寇

丰臣秀吉结束了日本群雄割据的战国时代，统一全国，继而制定了征服朝鲜、吞并中国、迁都北京的侵略计划，露梁海战便是发生在其侵略朝鲜期间的最后一场战争。1598 年，丰臣秀吉病死后，完全掌握制海权的中朝联军，决定在朝鲜半岛以西海域设伏，打击或全歼日本撤退部队。

露梁海战，是发生于公元 16 世纪末的一场海战，是朝鲜壬辰卫国战争最后的一场海战，交战双方为明朝与朝鲜联军和日本军队的岛津立花一部。

丰臣秀吉发动了侵朝战争

明万历年间，也即日本文禄元年（1592 年）正月，丰臣秀吉突然发布出兵朝鲜的命令。丰臣秀吉的野心不止于朝鲜，他最终的目的是要征服明朝，甚至想要将帝国的版图扩大到印度、东南亚。万历二十年（1592 年）4 月 13 日，

▲ [大阪城内丰臣秀吉塑像]

木下秀吉即丰臣秀吉。丰臣秀吉（天文六年二月六日—庆长三年八月十八日，即 1537 年 3 月 17 日—1598 年 9 月 18 日）是日本战国时代、安土桃山时代大名、封建领主，继室町幕府之后，近代首次统一日本的日本战国三英杰之一。原姓木下，之后将丹羽长秀和柴田胜家的名字各取一字并改姓羽柴。他是 1590—1598 年期间日本的实际统治者，担任关白，后担任太政大臣，获赐氏姓丰臣，被称为"太阁"。

◀ [朝鲜国王李昖]

朝鲜纯祖李昖，出生于 1790 年，在其父亲正祖离世之后，便成为朝鲜的君主。

明朝与朝鲜联军指挥官分别为：陈璘（中国）、邓子龙（中国）、李舜臣（朝鲜）。日军指挥官：小西行长、岛津义弘等。战争结果以中朝联军获胜而结束。

丰臣秀吉发动了侵朝战争，日本侵略军乘大小舰船 700 余艘，由对马岛渡海，翌日晨在釜山登陆，分北、南、中三路发起进攻。朝鲜国王李昖遣使向明朝求援，明朝廷决定发兵援朝抗日。

1592 年 12 月 23 日，李如松率领明

▲ [明朝指挥官陈璘]

陈璘（1532 年 1 月 27 日至 1607 年），一说出生于 1536 年或 1543 年，字朝爵，号龙崖，韶州翁源县（今广东省韶关市翁源县）人，明朝将领、抗倭英雄。

陈璘先于嘉靖末年屡平广东贼兵，万历二十六年（1598 年），陈璘出征朝鲜，于露梁海战中痛击日军，大败石曼子（岛津义弘），立下援朝第一功。万历二十八年（1600 年），参与播州之役，先击破杨栋梁军，后歼灭四牌、七牌贼军，攻破青龙囤，致使杨应龙自焚。晚年又平定苗民，为边境治安立下功勋。

万历三十五年（1607 年）死后，赠太子太保，荫封为百户。

军入朝参战，侵朝日军被压缩在东南沿海的顺天、泗川、南海一带。1598 年 8 月，丰臣秀吉病死，遗命军队从朝鲜撤军。

双方战斗力悬殊

中朝联合水师在露梁海面以 800 艘战船包围 500 艘日本战船；日本战船以体型较小的关船居多，另有一部分体型较大的安宅船。构造简单，性能较差。装备的武器为铳（即原始的滑膛枪炮）、枪、弓矢、倭刀等。而中朝联合水师，战船的种类有福船、楼船、栖槽、沙船、苍船、铜绞艄、海舫、八喇虎等。战船的武器精良，除弓、弩、刀枪、矛等冷兵器外，还有大量火器，如佛郎机炮、虎蹲炮等。据史料记载，当时明军火炮的射程最远可达 3000 米，而日军的只有100 ～ 200 米。

▲ [朝鲜指挥官李舜臣]

公元 1577 年，34 岁的李舜臣武举登科，自此开始军旅生涯。他刚直不阿、一生忧国忧民，追求正义，47 岁任全罗左道水军节度使（朝鲜王国皇家海军全罗左道舰队司令）后，积极操练水军，构筑防御阵地，并创建了铁甲战舰"龟船"，防范倭寇的进犯，最后在露梁海战中不幸中弹牺牲。

[楼船]

楼船是一种具有多层建筑和攻防设施的大型战船，外观似楼，故曰楼船。汉代大型战舰"楼船"高十余丈。三国时东吴建成五层战船，可载兵3000人，到明代水军已经广泛使用这种舰船。楼船不仅外观巍峨威武，而且船上列矛戈，树旗帜，戒备森严，攻守得力，宛如水上堡垒。

炮管
子炮
炮腹

[佛郎机炮]

佛郎机炮是15世纪后期至16世纪初期流行于欧洲的一种火炮，佛郎机炮来源于15世纪的鹰炮。整炮由三部分组成：炮管、炮腹、子炮。开炮时先将火药弹丸填入子炮中，然后把子炮装入炮腹中，引燃子炮火门进行射击。佛郎机炮，能连续开火，弹出如火蛇，又被称为速射炮。当时是由葡萄牙人传入中国的，明代称葡萄牙为佛郎机，所以就将此炮命名为佛郎机炮。

截杀日本退兵

1598年11月，日军由蔚山出逃，明军分道进击。就在日军将领加藤清正撤退之时，提督水师陈璘派遣副将邓子龙偕同朝鲜名将李舜臣联合出击，在露梁海上截击想援救小西行长的日军援军。

邓子龙年逾七十，仍然意气风发，率三巨舰向日军进攻，并自为前锋，与日军决战，杀伤无数，但其他战舰却误掷火器于邓子龙的战舰，使战舰起火，结果邓子龙无路可退，壮烈牺牲。李舜臣领兵来援，率龟甲船冲入敌阵，也不幸身中流弹而亡，其侄子李莞手持军旗继续战斗。随后副将陈蚕、季金等领军赶至，夹击日军，日军则因为成功让小西行长脱困而且战且退，而得以逃脱登

岸的日军又被明军歼灭，大批日军焚溺而亡。此时明军夹攻小西行长，并夺取桥寨，陈璘率领舰队一同攻击，焚烧日战舰百余艘，同时击退了日军救援舰队。此战日军死伤惨重，大败而归。

中国明朝派出军队抗日援朝，取得露梁海战胜利。这次战役给侵朝日军以歼灭性重大打击，对战后朝鲜200年和平局面的形成起了重要的作用。

[虎蹲炮]

为了便于射击，把炮摆成一个固定的姿势，很像猛虎蹲坐的样子，故得名。虎蹲炮射程500米左右，虽然不远，但轻便灵活，适用于山地作战，可以大仰角发射和大量装备基层部队，与现代的迫击炮有异曲同工之妙。

金门料罗湾海战

驱红夷

在金门料罗湾海战中，明朝水师投入战船150多艘，士兵几万人，荷兰方面则投入了当时最强大的几艘带加农炮的战船，还有刘香的50多艘海盗船，最终明朝水师战胜了荷兰和刘香的联军。

明荷金门料罗湾海战发生于明朝崇祯六年（1633年），明朝水师对决荷兰东印度公司与海盗刘香的联军，明朝水师以郑芝龙为前锋，以绝对劣势兵力击败了兵力处于优势的荷兰与刘香联军。

1633年的荷兰，虽然还没有从西班牙的统治中独立，但航海和贸易已获得极大发展，已处于其历史上著名的"黄金时代"发端期。荷兰为夺占中国对外贸易权，禁止西班牙人、葡萄牙人介入与中国交易，打开与明政府的贸易通道，与明朝政府爆发冲突。荷兰海军方面共有9艘主力战舰，均为盖伦船，这是一种极为优秀的帆船，通常拥有两层或多层甲板。为了追求更强的火力，西方在船舶设计方面开始追求更大的船型。盖伦船则成为这一造船思想指导下的产物。舰队由普特曼斯指挥，此外还包括海盗刘香带来的50艘海盗船。

当时的英语中称中国战船为"junk"，被音译成"戎克船"。明军水师装备的是清一色的"戎克船"，足有50艘之多，此外还有将近100条满载着硫黄硝石和稻草等物的火船。

海战的起因是荷兰方面为夺占中国对外贸易权，禁止西班牙人、葡萄牙人介入与中国交易，荷兰方面认为以先进的大炮、性能优异的快速战舰击败中国十拿九稳。

▲ [郑芝龙]

郑芝龙活跃在东南沿海为海商兼海盗，以民间之力建立水师，周旋于东洋及西洋势力之间，明政府既无力剿灭郑芝龙，又为了利用这支海上势力与荷兰人抗衡，而多加招抚。

明代后期进口的红夷大炮是欧洲在16世纪初制造的一种舰载加农炮，明代后期传入中国，也称为红衣大炮。所谓"红夷"者，红毛荷兰与葡萄牙也。因此很多人认为红夷大炮是进口荷兰的，其实当时明朝将所有从西方进口的前装滑膛加农炮都称为红夷大炮，明朝官员往往在这些巨炮上盖以红布，所以讹为"红衣"。

▲ [17世纪的加农炮]

加农炮的名称是从英文"cannon"音译而来的，原意是"长圆筒"。最早的加农炮起源于14世纪的欧洲。17世纪后，为了提高炮弹射出炮口时的初速和火炮射程，人们开始制造身管较长的火炮，并把这种火炮称为加农炮。

明崇祯六年（1633年），中国北方长年干旱、中原和东部发生数次特大地震、北方瘟疫流行。除江浙闽粤一带受灾影响后仍然恢复生产外，在北方，特别是李自成造反地区，部分灾区赤地千里、饿殍遍野，百姓吃树皮甚至饿死，以及因为饥饿而抢劫杀人、抢县衙时有发生。这是料罗湾海战时期的中国国情。

1633年10月22日黎明，得到可靠情报的明军水师主力150艘战船悄悄开到了金门岛南部的料罗湾口，在那里，正停泊着荷兰—刘香联合舰队的全部主力。当发现明军来袭时，荷刘舰队摆成一个荷兰战舰居中，海盗船四散策应的防御阵形，明军舰队则在料罗湾东南角展开，以郑芝龙部队为先锋，顺东风采取了两路突击、黑虎掏心的战术。按照事先布置，明军主力部队全部直奔荷兰舰队，只以辅助部队对付海盗船。同时，他们采用了荷兰人在欧洲战场从未见过的打法——火海战术。明军150艘战船中，只有50艘是炮舰，其余100条小船为清一色的火船，随着一声令下，在大船火炮掩护下，100条火船蜂拥而上搭钩点火。

欧洲人使用火船一般最多只有几条，荷兰人从来没有遭遇过这种火船铺天盖地蜂拥而上的场面。一阵喧嚣过后，参战的全部9艘荷兰大型战舰中，两艘刚一开战就被火船搭住焚毁，另外两艘则在炮战中被硬碰硬的击沉，此外又被俘一艘，其余几艘全部在受重创后逃走。刘香参战的50艘战船则全军覆没在料罗湾。

金门料罗湾海战是即将灭亡的明王朝与国力蒸蒸日上的荷兰之间进行的一场大海战。大明水师在船只、火炮都不如人的情况下，打败了装备精良的荷兰海军，此战也奠定了郑芝龙、郑成功父子称雄海洋的基础。战后凡航行在东亚地区的船只，都必须花钱购买郑芝龙的令旗，否则将被抢劫。而荷兰人也必须每年向明朝船队缴纳12万法郎的进贡，才可以保证在远东水域的安全。

多佛尔海战

英国与荷兰的大战

多佛尔海峡由于重要的交通位置而成为多次海战的主战场，尤其是在英国与荷兰之间，由于海上霸权的转移，多佛尔海峡就成了众矢之的。

多佛尔海峡是英吉利海峡最为狭窄的地方，从多佛尔海峡到法兰克的加来不过30千米，体力好的人甚至可以游泳横穿多佛尔海峡。这个海峡是交通枢纽，关系到英荷双方的国家命运，所以多佛尔海峡成为英荷双方首当其冲的战场。

英荷第一次多佛尔海战

1652年5月，英荷两国舰队首次在多佛尔海峡发生对峙。当时英国海军将领布莱克率领20多艘舰船在多佛尔海峡巡逻，正遇上荷兰海军上将特罗普，他正率领42艘荷兰战舰为商船护航。于是布莱克按照常规要求荷兰海军降军旗并向英国国旗致敬。

心高气傲的特罗普立即拒绝了布莱克。于是布莱克毫不客气地下令向荷兰战舰开炮，双方由此进行了一场持续4个多小时的炮战，荷兰损失了3艘战舰，布莱克的旗舰"詹姆斯"号中弹70余发。多佛尔海峡炮战发生后，双方随即于7月8日正式宣战。英国海军随后封锁了多佛尔海峡和北海，拦截荷兰商船；荷兰则开始组织舰队护航，双方由这种封锁反封锁的方式逐渐爆发一系列的海战。

不管此时战争的胜负如何，但英国

◀ [多佛尔海峡一角]

多佛尔海峡（又被称为加莱海峡）位于英吉利海峡的东部，介于英国和法国之间，是连接北海与大西洋的通道。此地海峡资源丰富，盛产鲱鱼、英国多佛白悬崖青鱼、比目鱼。矿藏有石油、天然气，它在历史上曾经对欧洲资本主义国家经济发展起过重大作用，有"银色航道"之称。

▲ [1660年英国议会就《航海条例》在13个殖民地实施的辩论]

对荷兰的长期封锁，导致荷兰这个严重依赖海上贸易的国家几乎陷于崩溃的边缘。

英荷第二次多佛尔海战

1663年，英国组建了"皇家非洲公司"，开始向荷兰在非洲西岸的殖民地发起攻击，并于次年将荷兰人从这里驱逐出去，英国取代荷兰人开始了象牙、奴隶和黄金贸易。

1664年4月，英国派遣一支海军远征队占领了荷兰在北美的新阿姆斯特丹，并改名为纽约。

英国一系列的攻势终于激怒了荷兰人。1665年2月22日，荷兰正式向英国宣战。

> 英国一贯将多佛尔海峡视为领海，因此所有经过这个海峡的其他国家舰船都需要降旗以示尊重。

第二次英荷战争爆发时正值英国斯图亚特王朝复辟，1660年查理一世之子查理二世被立为国王。查理二世为了继续打击荷兰，颁布了一个更加富有进攻性的新《航海条例》，英国在海外向荷兰殖民地展开了新的攻势。但此时的英国海军在经历常年内战后，外债高筑，海军军费也屡遭拖欠，海军实际军费不及预算的2/3，导致士气低落、舰船保养不足，战斗力明显下滑。

相反，荷兰在第一次英荷战争中战败后，并没有一蹶不振，而是一直养精蓄锐，战争开始后，荷兰人的奇袭最终

第一次英荷战争是英国走上世界霸权之路的起点。在这场战争中英国海军不仅战胜荷兰，迫使后者承认《航海条例》，更重要的是，为筹措军费采用的财政安排和融资手段是日后英国财政革命的先声。

▲ [恢复的 17 世纪的荷兰战船]

17 世纪的荷兰战船，长度多在 130、145、160 阿姆斯特丹尺（1 阿姆斯特丹尺 = 28 厘米）。可以搭载 40 门以上的火炮，其火药与火炮总重可达 100 吨。尤其是著名的"七省"号，建造于 1665 年，是当时荷兰舰队的主力舰，参加过多次海战。

英国为了支持海军，最早开始征收消费税的商品包括烟草、酒类以及丝绸和皮毛等进口奢侈品，其后扩展至肥皂、淀粉、纸张、盐、肉以及纺织品等普通生活用品。饱受批评的壁炉税和人头税也是英国人向荷兰人学来的。

导致英国惨败，1667 年 7 月 31 日，两国签订了《布雷达和约》，英国重新放宽了《航海条例》，放弃了在荷属东印度群岛方面的权益，并归还了在战争期间抢占的荷属南美洲的苏里南。荷兰也做出了让步，承认英国拥有哈得孙河流域和新阿姆斯特丹，并承认西印度群岛为英国的势力范围。

英荷第三次多佛尔海战

第三次英荷战争最后发展成欧洲战争，共打了 5 场战役。法国、丹麦、瑞典、西班牙等国均被卷入战争。因此，第三次英荷战争已经不局限于海上，而是一场海上和陆地同时进行的战争。

英荷的三次战争中，荷兰虽弱但面对大国和强敌，表现得非常杰出，荷兰在军事上也并没有输掉战争，但是由于其国土太小，且人口少，根本无法与英国、法国、普鲁士等国家展开旷日持久的对抗，因此，荷兰在战后日渐衰落，英国在战争中获得霸权，而且凭借良好的工业经济基础，率先进行资本主义革命，在 18 世纪末逐渐取得世界霸主的地位。

詹姆斯一世的儿子查理一世统治时期，爆发了英国资产阶级革命，查理一世被推翻，英国成为没有国王和上议院的共和国。1660 年，斯图亚特王朝复辟。詹姆斯二世企图在国内恢复天主教并迫害清教徒，引起广泛不满，导致"光荣革命"爆发，詹姆斯二世逃离英国。奥兰治亲王威廉和他的妻子玛丽（即威廉三世，1689—1702 年在位；玛丽二世，1689—1694 年在位）应邀前来统治英国。他们死后无嗣。根据英国国会于 1701 年通过的王位继承法，王位由詹姆斯二世的另一个女儿、玛丽的妹妹安妮继承（1702—1714 年在位）。1714 年安妮女王去世，亦无嗣。王位传给斯图亚特家的远亲汉诺威的乔治，即为乔治一世。

泰晤士河奇袭

荷兰人对英国人的报复

英、荷一共进行了三次战争，那为何第二次战争匆忙结束，签订了《布雷达和约》？原因正是英国停泊在泰晤士河的 19 艘巨舰，遭到了荷兰舰队的炮击，无奈下只能赶快结束了第二次海战。

▲ [伦敦泰晤士河上的伦敦桥]

比起地球上的一些大江大河，泰晤士河虽然不算长，但它流经之处都是英国文化精华所在，或许可以反过来说，泰晤士河哺育了灿烂的英格兰文明。

1667 年 6 月 19 日，德·勒伊特率领荷兰舰队航行到泰晤士河口。趁黑夜涨潮之时，先遣舰队顺潮流进入泰晤士河，一路炮击，很快占领了英国希尔内斯炮台，夺取了贮存在此地的近 5 吨黄金以及大量木材、树脂等物资。之后又横冲直撞，寻找并击毁发现的英国舰船，一些最好的军舰被俘虏作为战利品带回本土。

22 日，荷兰舰队长驱直入到达查塔姆船坞。

据说当时英国在此停泊了 19 艘巨舰，每舰都在 1000 吨以上，荷兰舰队进入船坞后打掉了岸上的炮台，登陆部队四处纵火，并拆除或毁掉了河上障碍，荷兰舰队横行了三天，最后全部安全返航。之后，德·勒伊特封锁泰晤士河口长达数月。

这次奇袭给英国造成了近 20 万镑的损失，更使皇家海军蒙受了奇耻大辱。英国遭此大败，加之瘟疫和伦敦大火双重灾难，已无力再战。奇袭加速了英荷两国的谈判进程。这就是前文中所讲到的第二次英荷海战结束的前因。

特塞尔海战

"海上马车夫"以弱胜强

　　特塞尔海战发生于 1673 年 8 月 21 日，是在第三次英荷战争期间，由英法联合舰队和荷兰舰队在特塞尔岛附近进行的一场海战。

　　1652—1676 年，英荷之间多次爆发战争，荷兰作为当时的海上强国，以"海上马车夫"的名号纵横多年；而后起新秀英国，依靠海盗打击荷兰收效颇丰，于是有点膨胀，对荷兰步步紧逼。

双方兵力对比

　　1673 年 8 月，英法联合舰队企图登陆特塞尔岛，组织了一支约 2 万人的军队，在鲁珀特亲王的率领下驶往荷兰。这一次联合舰队准备充分，拥有 120 艘舰船，鲁珀特将联合舰队分编为三个分队，同

时仔细研究了荷兰时任海军上将德·勒伊特的战术，并制定了相应的对策。

　　而德·勒伊特仅拥有 75 艘主力舰和 30 艘纵火船，实力对比上明显弱于英法联合舰队。

战争结果

　　德·勒伊特趁夜色，指挥舰队利用风向，成功插入英法联合舰队与海岸之间的缝隙，在夜幕下隐蔽，直到拂晓时分，才主动向英法联军发动进攻。

　　双方战斗可谓空前激烈。但由于法

▶ [德·勒伊特]

德·勒伊特是荷兰历史上著名的海军上将，英荷战争中的灵魂人物，他在与英法联军作战中，赢得过多场胜利，并在1672年的灾难年中拯救了国家。

▼ [鲁珀特亲王]

鲁珀特亲王是英国著名的战士、将军、科学家、运动员、殖民总督和业余艺术家。早年他是一个勇敢的骑兵，晚年他是一个成熟的舰队司令。

国分舰队的水兵训练不足、作战消极。况且，法国指挥官德埃斯特雷本想以数量上的优势包围荷兰舰队，但被荷兰海军突破了舰队的战列线，使得法国分舰队陷入了混乱。或许是为了保存实力，法国分舰队就此退出了战斗。

英方见法国舰队退出了战斗，自认孤军很难取胜，登陆作战失败，只能被动地退出了战斗。

此战双方都未有战舰被击沉，但严重受创的船只不计其数。英法联军损失了2000多人，荷兰方面伤亡了1000多人。此后，荷兰暂时消除了海上威胁，取得了制海权，大批东印度公司护航船安全返回。

英国虽然未取得这次海战的胜利，但是也使荷兰的海上霸权有所动摇和削弱。

▲ [特塞尔战役]

特塞尔战役后，鲁珀特亲王声称："法国舰队对这次失败应负全责。"而英国历史学家坎·贝尔曾高度评价了荷兰在这场海战中的成功："荷兰，因其舰队司令精明强干，使他们在这次战斗中取得了巨大的成功。他们使完全被封锁的港口重新开放并战胜了一次可能的入侵，而使敌人放弃了所有入侵的想法。"

◀ [特塞尔岛]

特塞尔是荷兰北荷兰省的一个岛屿，是弗里西亚群岛中最大和人口最多的岛屿，也是这个延伸至丹麦的群岛中最西端的一个岛。

澎湖海战

收复台湾

　　澎湖海战是在清康熙二十二年（1683 年），福建水师提督施琅率水师于澎湖海域歼灭明郑水军主力，收复澎湖、台湾，统一中国的作战。

　　郑经字贤之、元之，号式天，昵称锦舍，台湾的统治者，郑成功长子，袭封其父延平郡王的爵位。

　　郑克臧幼名钦，人称钦舍。为郑经庶出长子，郑经之妾昭娘所生。1681 年（永历二十五年，康熙二十年）正月，郑经病危时授郑克臧监国剑玺。郑经去世后郑氏宗室和郑克塽的岳父冯锡范不愿由郑克臧继承延平郡王之位，打算拥立其弟郑克塽，便说服郑成功之妻董氏在北园别馆（今台南开元寺）废掉继位不到三日的郑克臧，但是郑克臧不肯交出监国剑玺。冯锡范等便诬陷郑克臧不是郑经亲生，派人将其绞死。

　　1681 年 3 月 16 日，台湾郑氏政权的第二代领导人郑经病死，其长子郑克臧监国嗣位。然而，仅仅两天之后，侍卫冯锡范就绞杀了郑克臧，拥立了自己的女婿、年仅十二岁的郑经次子郑克塽，史称"东宁之变"。

　　台湾从此进入了冯锡范的掌控之中，随后便展开了一场大清洗，在一片血雨腥风之后，许多曾是郑克臧近臣的官员被杀，内耗惨烈。

　　郑克塽幼名秦，人称秦舍，字实弘，号晦堂，郑经次子，郑成功之孙。1681 年郑经及陈永华相继去世，重臣冯锡范联合郑经从弟等发动政变，绞死监国郑克臧得逞，立年仅十二岁的郑克塽为延平郡王。

　　冯锡范，号希范，明末清初福建龙溪人，生于晋江县，郑成功工官冯澄世之子。郑成功去世后，郑经嗣位，辟为侍卫，从往台湾征郑袭，靖内难，颇立战功，从此备受信任，成为台湾明郑时期的主要将领，与陈永华、刘国轩并称为台湾三杰。康熙二十年，郑经去世后，冯锡范与郑哲顺等人发动东宁之变，罢黜监国郑克臧，并将其绞死。以董太妃令，立郑经次子郑克塽，独揽台湾军政大权。1683 年，清廷攻陷台湾，冯锡范劝郑克塽降顺，封忠诚伯爵，隶汉军正白旗。

▶ [蓝理]

蓝理，清朝康熙年间的平乱名将。表字义甫，号义山，福建漳州漳浦县赤岭畲族人，自幼习武，精通刀、枪、矛等各种兵器。有关志传描述他身材魁梧，能力举八百斤，足追奔马，还能拽马尾倒行。

[刘国轩]

刘国轩，字观光，福建省龙岩市长汀县四都镇溪口村人，明郑时期重要的军事将领。

1654 年，投到郑成功之下，后来参与 1659 年郑成功围攻南京之战、1661 年郑成功收复台湾等战役。1683 年在澎湖海战担任统帅，却被施琅击败。同年归顺清朝。

仕清之后的刘国轩在天津为官，政绩卓著。终年 65 岁。康熙帝追赠他为光禄大夫、太子少保。

台湾郑氏集团政变的消息，被清朝福建总督姚启圣上书康熙帝，由此，康熙帝作出了"进取台湾"的决策。

1683 年 7 月 8 日，施琅奉帝命从铜山岛出发，姚启圣也拨 3000 人同施琅出征（清军 24 000 人，大鸟船 70 艘、赶缯船 103 艘、双帆居船 65 艘），当晚清军在八罩岛过夜。

7 月 10 日，施琅以速度快的鸟船当做先锋进攻娘妈宫。台湾郑军主帅刘国轩统领将士 2 万余人，战船 200 余艘，自己在娘妈宫港口督战。当时受风势阻挠，清军大军不敢前进，只有以清名将蓝理为首的 7 艘舰船突入郑军之中。

交战不久后开始涨潮，一些清军船只被海水冲向岸边，郑军趁势将舰队分成两翼包围清军。

[施琅]

施琅，字琢公，福建晋江人，清朝初年著名将领，曾历任清军副将、总兵、福建水师提督，加太子少保衔等要职，深得康熙帝的信任。施琅擅长治军，尤其精通海战，所辖部队以作战迅速、勇猛、果断著称，故人送"海霹雳"的响亮绰号。

古代海战

▲ [施琅与将军罐]
此款青花四季花卉海云纹将军罐是当年施琅所钟爱的一款陈设瓷器，藏品通高58.5厘米，口径为20.7厘米，底径31厘米。

施琅见状赶紧突入郑军，想解救被围困的船只，却被郑军包围。施琅在交战中被火铳射伤右眼，不过没有失明；施琅受伤后只能暂时撤离战场，到西屿附近的八罩岛上修整军队。

刘国轩得知清军在八罩岛休息，亲自率舰队进攻却被施琅击退。施琅趁势于7月12日先派战船攻取澎湖港外虎井屿、桶盘屿。

7月16日，施琅决定将舰队156艘船分三路发起总攻，剩下约80艘当后援部队。清军顺着风势发射各种火器，并且以数船围攻郑军一船，郑军全面崩溃，此战共毙伤郑军12 000人，俘5000余人，击毁、缴获战船190余艘。

刘国轩见大势已去，率领残余部队从北面吼门退往台湾，澎湖各岛郑军都向施琅投降。清军阵亡329人，伤1800余人，船只无一损失。

施琅占领澎湖后，于降清将卒中拣选刘国轩亲信，往台湾招抚，后来在刘国轩大力主张下，郑克塽于1683年9月5日向施琅投降，郑氏王朝正式灭亡。台湾并入了大清的版图。

澎湖海战是清朝为了消灭郑氏王朝所发动的战争，虽然郑军一度击退清军，但最后仍然由清军获胜。澎湖被占领后，郑氏王朝已无力抵抗清军，只得投降，结束了在台湾22年的统治，台湾也因此成为清朝的领土。

格林纳达海战

英法大战

美国独立战争期间，英法两军在格林纳达海岛附近爆发大战，因英国指挥官的错误判断，导致了此场海战的失败。

▲ [波士顿惨案]

波士顿惨案是 1770 年 3 月英国殖民当局屠杀北美殖民地波士顿人民的流血事件，5 名美国人被英国军队杀死，由于被殖民者的奋起反抗，导致事件恶化，该事件导致 5 年后的美国独立战争爆发。

美国独立战争（1775—1783 年）或称为美国革命战争，是大英帝国和其北美十三州殖民地的革命者，以及几个欧洲强国之间的一场战争。始于 1775 年 4 月的莱克星顿枪声，1776 年 7 月 4 日大陆会议通过了由托马斯·杰斐逊执笔起草的《独立宣言》，宣告了美国的诞生。

约克敦，独立战争前是繁华的商港，1781 年在这一带进行了决定独立战争胜负的战斗。

1770 年"波士顿惨案"之后，英国加强了对北美殖民地的统治。在反对英国殖民统治的北美独立战争期间，法国于 1778 年对英宣战的主要目的之一，便是乘机夺取英国在西印度群岛的殖民地。

1778 年 4 月 15 日，法国海军中将德埃斯坦伯爵，率领 12 艘战列舰和 5 艘快船驶往美洲。数月之后，停泊在古尔德岛和卡诺尼卡特岛之间。在北美独立战争期间，纽约是英国力量的中心，法舰占领了锡科奈特和西部航道，并且准备支援美国陆军进攻英国工事。

1779 年 6 月，法国军队在列斯群岛的格林纳达岛登陆。法国海军上将命令运输船只和 25 艘主力战船停泊在该岛的圣乔治港湾。6 月，德埃斯坦伯爵受命率领全部战舰出发进攻格林纳达，7 月占领了该岛。

在此期间，英国海军中将拜伦得到军情后，便率领一支庞大的携载部队的运输舰船和21艘战列舰，想要救援格林纳达。途中获知法国另有舰队也已经到达格林纳达，但他仍继续驶向那里。

7月6日拂晓，拜伦率领21艘主力战船绕到了格林纳达岛的西北，此时法国舰队列成整齐的队形迎战。由于清晨视线不清，加上法国舰队队形混乱，拜伦无法判断出法军的船队数量，从而低估了法军的战斗力。

英国舰队受到重创，进攻序列大乱。拜伦又重新整理队形，继续进攻。尽管法舰没有组成很好的战斗队形，可他们的动力却几乎没有遭到任何损失，而英国舰队由于指挥不当，已有7艘舰严重受损，其中4艘（"蒙茅斯"号、"格拉夫顿"号、"康沃尔"号和"狮"号）丧失了作战能力。

到下午3时，队尾的3艘舰落后了很远，加上航行缓慢的受创舰队，可想而知英国舰队的困难局面。10艘左右未受损伤的战舰不得不减速以适应受伤舰船的航行速度。

此时，法军有25艘战舰，而由拜伦领导的英军舰船只有17艘，与之相比既慢又不灵巧，并且分散于法国舰队的上风及下风，既要保护位于上风的运输船队，又要照顾处于下风的3艘失去战斗能力的舰船，英军在战术上困难重重。

直到中午，双方皆伤亡兵员1000余人，英军没有取得明显战绩，拜伦遂率队撤离。

古代海战

▲ ["康沃尔"号]

长船是在维京长船的基础上发展而来的，长约几十米，看起来身形狭长，空间不大。但就是这种船具备了很强的海上战斗力，它具有敞开的甲板，舷外装有桨架，主要靠划桨推进，它也装有桅，在顺风的时候可以使用帆。这种船不受风向的限制，在海面上行动灵活，可快可慢。在加莱海战中，英国舰队就是大量地使用了长船，利用长船的速度较之西班牙"无敌舰队"的笨拙，才掌握了战局的主动性。当时的长船具有完整的甲板和撞角，接舷作战的能力也很强，加之火炮上的优势，使得英国人更加具备战略优势。

格林纳达海战后，法国降服了格林纳达岛的英国陆军并迫使他们放弃了约克敦。

圣文森特角海战

两方三国的海上角逐

圣文森特角海战是英国海军与西班牙海军在 1780 年的美国独立战争和 1797 年的法国大革命时期进行的两次海战，都是英国海军取得胜利。

18 世纪末，欧洲处在剧烈的动荡中。1789 年，法国爆发革命，推翻了君主制，大批法国贵族逃往国外。1793 年 1 月 21 日，法国皇帝路易十六被送上了断头台，法国陷入与欧洲各国的战争中。

拿破仑·波拿巴突然挥师南下

西班牙与法国结盟，给法国人的皇帝拿破仑·波拿巴提供了率军进攻奥地利的机会。为了挫败法军的进攻，英国海军派遣纳尔逊率领一支分舰队打击法军的海上补给线，他成功地破坏了法国同意大利之间的所有海上贸易，取得了巨大的成效。然而，拿破仑突然挥师南下，一路打向热那亚和来亨，打乱了英国海军的作战计划，英国海军主帅杰维斯海军上将不得不撤销海上封锁，并命令纳尔逊掩护英国人员从来亨撤至艾尔巴。

▲ [圣文森特角之战]
理查德·布里奇斯绘于 1881 年。

[拿破仑·波拿巴]

法兰西第一共和国的第一执政，在巴黎圣母院加冕，称号为"法兰西人的皇帝"，是为拿破仑一世，开始了法兰西第一帝国波拿巴王朝的十年统治。他并不是由当时的教皇庇护七世加冕，而是自己将皇冠戴到了头上，然后为妻子约瑟菲娜·德博阿尔内加冕为皇后，以示他的权力至高无上，不受教会控制。

▲ [皇家海军精神的图腾："胜利"号]

英国是最早发展风帆战列舰的国家之一，"胜利"号 1759 年开建，在 1765 年建成，共消耗了 2000 余棵橡树，38 吨铁。排水量 2162 吨，舰长 67.8 米，舰宽 15 米。不仅参与了多起海战，同时也作为杰维斯的旗舰，参与了圣文森特角海战，并大胜西班牙海军。

英军发现重要情报

杰维斯上将命撤回来的地中海的舰队，驶向圣文森特角以期阻止西班牙舰队北上。

此时地中海已没有了英国海军。从地中海撤退的纳尔逊与杰维斯会合后，登上了杰维斯的旗舰"胜利"号。

由于大雾加上风向改变，西班牙舰队偏离了航向，恰好迎上了英军"密涅瓦"号，大雾使夹在西班牙舰队中的"密涅瓦"号没有被发觉。第二天黎明，"密涅瓦"号悄悄地驶向圣文森特角，与杰维斯的舰队会合，并把发现西班牙舰队的重要情报送上。

当晚，杰维斯同纳尔逊等进行了讨论，下定决心开战。

纳尔逊冒极大的风险阻止了西班牙舰队的会合。

第二天战争打响，英舰形成了以"克罗登"号舰船为首的一个"U"字形队列。此时，下风口的西班牙舰队也正想与上风处的队伍会合，而一旦它们会合，那么战场就会出现僵局。

此时英主帅杰维斯发出信号："占领有利位置相互支援，紧咬住敌人。"

纳尔逊率3艘战舰在队形的末尾，阻止西班牙舰队的前进道路。他果断决定暂不执行杰维斯的命令，而是掉转船头冲向西班牙舰队的前方，拦住其去路。

西班牙舰队中拥有当时最大的战舰，装备有130门主炮，还有3艘112门主

▲ ［英主帅杰维斯］

海军上将约翰·杰维斯——第一代圣文森特伯爵，是英国皇家海军上将和英议会成员，杰维斯在18世纪后期到19世纪初期供职，是七年战争、美国独立战争、法国大革命战争和拿破仑战争中的一位活跃的指挥官。他因1797年在圣文森特角海战的胜利而闻名，在这场战役中获得了他的头衔（即圣文森特伯爵）。

霍雷肖·纳尔逊一战成名，晋升为海军少将，并获得了勋爵封号，后来被誉为"英国皇家海军之魂"。

炮的战舰。纳尔逊是冒了极大的风险的，如果行动失败，后果不堪设想。

不过，纳尔逊成功阻止了西班牙舰队的会合。在经过了一番抵抗后，西班牙舰队被迫投降。

纳尔逊共夺得了2艘西班牙战舰（分别是"尼古拉斯"号、"圣福若瑟"号）。

西班牙战舰"特立尼达"号在另2艘战舰的掩护下逃离了战场。

阿布基尔海战

18 世纪最惨烈的海战

阿布基尔海战又名尼罗河口海战，是英国海军纳尔逊将军最辉煌的胜利之一，也是世界历史上具有深远影响的战役之一。

1797 年 10 月 27 日，法国拿破仑已经被任命为英吉利军团司令，这是他梦寐以求的职务，他带着野心，集结部队，准备进攻埃及，以便建立军事基地，达到侵袭英国领土的目的。

埃及是世界文明的发源地之一，地处欧洲、亚洲、非洲三大陆的连接点，是古代东西贸易的必经之地。此时也是拿破仑建功立业的跳板。

战前准备

拿破仑集结了 3.7 万人，其中骑兵为 3000 人，拥有野战炮 60 门、攻城炮 40 门。为了运送和掩护远征军，法国海军倾其所有，组织了一支由 350 艘舰船组成的护航运输队为远征军保驾护航。

▲ [纪念邮票《拿破仑在埃及》]

对于法国人的阴谋，英国其实早有

▲ [阿布基尔海战——油画]

阿布基尔海战参战双方兵力如下：

法军：13艘战列舰，4艘巡防舰，指挥官布律埃斯；

英军：13艘战列舰，2艘巡洋舰，指挥官纳尔逊。

▲ [纪念邮票霍雷肖·纳尔逊]

阿布基尔是一个位于亚历山大东南56千米的海湾，呈长方形，长达80千米，一端靠罗塞塔不远，与尼罗河两个河口中的一个相连，由于常年从尼罗河口冲刷下来泥沙淤积，整个海湾内到处是浅滩暗礁和曲折的水道，对于不熟悉近岸水情的船只来说，阿布基尔是一个陷阱。

察觉，但他们猜测法国人的目标是英国本土、爱尔兰或者西西里岛。法国远征埃及的消息两周后才传到英国，英国地中海舰队司令约翰·杰维斯任命海军少将霍雷肖·纳尔逊进入东地中海，寻找并击毁法国舰队。

布律埃斯在阿布基尔布防

自从与拿破仑在埃及登陆后，法国海军将军布律埃斯本想前往科孚岛或返回土伦，但遭到多数将领反对，于是他决定前往阿布基尔停泊，并在海湾入口处的一个小岛上布置了一个炮群，同时布律埃斯把他的舰队变成了一个浮动堡垒，他们背倚海滩。布律埃斯自恃有岸上的炮群支援，仅命令濒海一侧的火炮保持战斗状态，其余人员可自由活动，法国水兵可以随意上岸游玩，一盘散沙。

发现法国海军并制订作战计划

霍雷肖·纳尔逊在海上行进搜寻法国舰队时，几次与法国舰队擦肩而过，但是始终未能大战一场。

在阿布基尔发现法国舰队后，纳尔逊召开了战术讨论会，他制订了一个颇为复杂的作战计划。他把舰队分为三个组，打算用两个组从不同方向冲击法国舰队，以打散他们的编队，同时集中力量各个击破敌舰，另一个组则趁机渗入法国运输船队，大肆屠戮。

法军错误的战术

纳尔逊指挥舰艇，经过一番试探之后，双方舰队陷入激战。英国舰队遇到法国舰艇上的火炮加岸上布防的炮群的攻击，战况堪忧。

此时，法国指挥官布律埃斯感觉英军有点不堪一击，于是想扩大战果，错误地使用了法国人最擅长的攻击对方索具的机动战术，这反而救了英国舰队，并使得法国舰队处于劣势。法国人惯于攻击对方索具的机动战术在阿布基尔的阵地战中毫无作用，虽然杀伤了英舰的人员，但不能重创敌舰，相反，英国人猛击吃水线的笨拙战术却非常奏效，数小时的激战令大多数法国舰只遍体鳞伤，奄奄一息。

悲壮的布律埃斯

在战斗中，法国指挥官布律埃斯的头部不幸受伤，不久又有一颗弹片打在他身上，接着一发炮弹炸断了他的左腿，几乎将他撕成两片，侍从想把他扶回舱内，被布律埃斯拒绝，他说："一个法国海军将军应该战死在后甲板上。"但是由于他使用了错误的战术，使得法国军舰在此战中大势已去，他最后也中弹而亡。

战争持续到夜间时，法国舰队的前卫已基本被歼，海面上到处是燃烧着的船只，弥漫的浓烟掩盖了大部分军舰，只有这些军舰的桅杆仍在炮火中时隐时现。纳尔逊命令挂起蓝旗，在后桅杆上悬挂一串垂直的蓝色信号灯，这样英舰就能够在浓烟中彼此辨识，继续攻击敌人。

战争持续了一夜，阿布基尔海战才结束。

法国舰队战败的消息令拿破仑非常沮丧，但不服输的性格使他从不承认失败，很快他就从消沉的阴影中摆脱出来。

战争结果

阿布基尔之战是18世纪最艰苦的海战之一。法国舰队在此战中覆灭，有11艘战列舰被击毁或击沉，伤亡超过5000人，其中死1700人。而英国舰船虽有受伤但无一艘沉没，人员伤亡1000余人，

▲ [传言中被拿破仑轰掉鼻子的狮身人面像]

据说1798年拿破仑入侵埃及时，趾高气扬，许多人拜倒在他面前，唯有斯芬克斯雄视东方，毫无低头称臣之意。拿破仑大怒，命手下炮轰狮身人面像，轰掉了它的鼻子。

这一说法并不真实，从拿破仑留下的日记和回忆录来看，拿破仑并非一介武夫，他从小就对历史感兴趣。1798年率兵出征埃及时，他带了一支近200人的科学艺术考察团，其中就包括一些历史学家和考古学家，从而留下了"让学者和毛驴走在队伍中间"的名言。

其中死200多人。

阿布基尔海战的重要意义还在于它的政治影响，自1770年以来，法国海军不断挑战英国的海上霸权，阿布基尔海战为这场斗争画上了句号，至少在地中海方面是如此。英国海军的胜利加强了它对俄国和其他欧洲国家的影响，直接促成了第二次反法同盟的形成。1799年3月，英国、奥地利和俄国结成了第二次反法同盟。

拿破仑征服世界，而征服拿破仑的居然是个33岁的寡妇，两人维持了近30年的婚姻，虽然最后离婚，但这个女人始终没有走出拿破仑的心里，她就是——约瑟芬。

特拉法尔加海战

英军海战史上的大胜利

特拉法尔加是直布罗陀海峡的一个海角。1805 年 10 月，英国海军在此同法国和西班牙的联合舰队进行了一场风帆战舰之间规模最大的海战。英国著名海军将领纳尔逊在这次海战中摒弃了战列线战术，采用了冲入敌阵进行穿插分割，然后攻击敌方旗舰的战术，取得了重大胜利。

▲ [特拉法尔加海战——1822 年油画]

1803 年 5 月 16 日，英法两国战火重燃，拿破仑的目标是避开英国海军，用其精锐的陆军直接登陆进攻英国本土，为了把强大的英国海军从本土牵走，法国舰队在大海上和英国海军玩起了猫捉老鼠的游戏，但由于一系列战略、战术的失误，海军中将维尔纳夫率领的法、西联合舰队被封锁在加的斯港内，拿破仑对海军大为失望，放弃了进攻英国本土的计划。英国则派纳尔逊去彻底解决被封锁在加的斯港内的法、西联合舰队。而港内的法、西舰队司令维尔纳夫听到拿破仑将派人接替他的指挥时，愤而决定在新司令官到来前率舰队溜出加的斯港，而港外的英国舰队正等待这一时刻的到来。

官兵 16820 人，外加 4 艘巡洋舰和几艘辅助船。

纳尔逊计划

纳尔逊的计划是将英国舰队分成两个分舰队和一支预备队，一支分舰队由他率领，负责突破敌舰队中央，切断其前后联系；另一支分舰队由柯林伍德率领攻敌后卫。预备队负责消灭敌方旗舰，令对方陷入混乱，最后逐个歼灭被分割的法、西联合舰队。为了保证作战效果，纳尔逊在作战方式上给予了下属极大的自主权，只要求他们充分发挥积极主动敢于近战的精神。纳尔逊的作战计划让

▲ [伦敦广场上的霍雷肖·纳尔逊爵士雕像]

兵力对比

开战时，双方的海军实力差距不大。法、西联合舰队有战列舰 33 艘。其中 1 艘是当时最大的四层火炮甲板战列舰"三叉戟"号，其他的战列舰为 3 艘三层甲板战列舰；6 艘 80 门炮船；22 艘 74 门炮船；1 艘 64 门炮船。法、西联合舰队中还编有 13 艘各类巡洋舰，仅战列舰就有侧舷火炮 2626 门，共载官兵 21 580 名。

纳尔逊的舰队有 27 艘战列舰，其中 7 艘是三层火炮甲板战舰，其余 20 艘为双层火炮甲板战舰，合计有火炮 2148 门，

▲ [法国海军上将维尔纳夫]

维尔纳夫本是一个厌恶战争、渴望和平的人，此战开始前，维尔纳夫在写给德克雷的信中，预料法国舰队必然惨败，而他最大的恐惧是因此而成为全欧洲的笑料。可他是军人，军人的天职就是服从命令。

各舰长们极受鼓舞，将此战术称为"纳尔逊秘诀"。

战斗过程

1805 年 10 月 19 日，法西联合舰队开始驶出加的斯港，但由于风向的问题，直到 10 月 20 日中午才全部驶入大海。而在这之前英国的侦察舰已经发现了法、西联合舰队，纳尔逊下令拦截。10 月 21 日拂晓，双方不断接近，纳尔逊陆续发出"成两路纵队前进""备战"的命令。维尔纳夫知道战斗不可避免，为了便于舰队作战不利时撤入加的斯港，他下令舰队进行 180 度大转向，以使加的斯港位于舰队的下风位置，这一变化不仅严重影响了士气，而且造成联合舰队的队形陷入混乱。

在联合舰队因调转方向陷入混乱时，纳尔逊抓住战机下令进攻，英国军舰分成两个纵队，分别由纳尔逊乘坐的"胜利"号、科林伍德乘坐的"王权"号担任两个纵队的先导舰向联合舰队直插过去，特拉法尔加海战打响。

战斗进行 15 分钟后，"王权"号率领的分舰队突破联合舰队的后卫，两舷火炮开始一起射击，25 分钟后，纳尔逊率领的分舰队也冲入联合舰队，开始时向联合舰队的前卫进攻，但很快"胜利"号率领分舰队突然转向联合舰队的中部发起进攻，这就是著名的"纳尔逊秘诀"，联合舰队的前卫丝毫没有注意到要求其

维尔纳夫投降后被送到英国，1806 年 4 月获释，4 月 22 日在巴黎死亡，胸口有六处刀伤，但记录上则是写自杀，当晚即被草草埋葬。据说是拿破仑派人把他干掉的。

回援的信号，而只顾前驶。约 12 时 30 分，"胜利"号穿过"布桑托尔"号时，一阵左舷齐射造成数百法国人伤亡。当其他两艘英舰上来围攻"布桑托尔"后，"胜利"号又向右与冲上来的法舰"敬畏"号交火，"敬畏"号是联合舰队中最小但是作战最勇敢的军舰，两舰进行了接舷战，在甲板上指挥作战的纳尔逊不幸被"敬畏"号上的狙击手击中负伤，而"敬畏"号随后也被俘虏。此后，法西联合舰队进行了竭力抵抗，但败局已定，在血战了 2 个多小时后，下午 2 时 5 分，联合舰队旗舰"布桑托尔"降下帅旗，舰队司令维尔纳夫被俘。

下午 3 时 30 分，在海战已经进行了 2 个多小时后，由迪马努瓦海军少将率领的联合舰队前卫返回了战场，但在返回途中有两艘自己的战舰竟然发生相撞而退出战斗，面对严阵以待的英国舰队，仅仅 20 分钟这次反攻就宣告失败。"胜利"号对掉头逃跑的联合舰队进行了一次齐射，"英国皇家海军之魂"纳尔逊就在这炮声中与世长辞。

特拉法尔加海战之后，法国海军精锐尽丧，从此一蹶不振，拿破仑被迫放弃了进攻英国本土的计划，而英国海上霸主地位也得以巩固。

唐斯海战

西班牙殖民地保卫战的终结

唐斯海战是荷兰与西班牙之间的八十年战争和三十年战争的组成部分，此战迫使西班牙最终放弃了征服荷兰的企图。

1639年，西班牙为了镇压尼德兰反叛，在本土集结了一支庞大的海军，以西班牙和葡萄牙的联合舰队为主力，由77艘战舰组成，共配备了24 000名水手，其任务是夺取英吉利海峡的控制权。

9月6日，西班牙海军宿将安东尼奥·德·奥昆多指挥这支西班牙和葡萄牙联合舰队从里斯本起航，舰队首先前往敦刻尔克，当西葡舰队抵达西属尼德兰时，被布置在英吉利海峡的荷兰哨舰发现了。在海峡区有一支荷兰巡逻舰队，舰队的指挥官是马顿·特罗普，当时荷兰驻守此地的只有13艘战舰，在实力如此悬殊的情况下，荷兰海军统帅特罗普仍然决定开打。

荷兰舰队与西葡联合舰队遭遇于滩头岬，此片海域是一片浅海，暗礁和沙洲密布，西葡联合舰队的船全是大吨位的远洋战舰，以"圣·特里萨"号为例，它拥有68门炮，载员1 000人，如此庞然大物，在此处狭窄的浅海完全无法发挥实力。

当海战爆发后，荷兰海军统帅特罗普采用了海盗式的海上穿插战术，小巧

▲ [荷兰海军统帅马顿·特罗普]

而又分散的舰队就像是几匹狼窜进了羊群，造成了西葡联合舰队的混乱，西葡联合仓促间急忙开炮，大量的炮火释放的浓烟导致海面模糊起来，紧张的西班牙人和葡萄牙人看不清对手，以为遭到荷兰人的进攻，用重炮对轰起来，打得非常热闹，在西葡舰队"相互残杀"时，荷兰海军悄悄退出战区，成了这场海战的旁观者。

当西葡联合舰队渐渐停下来时，荷兰海军开始进场收割这些伤痕累累的战舰，西葡联合舰队一路南逃，荷兰海军紧追不舍，海战史上奇怪的一幕发生了，77 艘体形庞大的战舰居然被 13 艘小型战舰一路猛追，西葡联合舰队也真够狼狈的，他们被迫退到中立国英国的唐斯港。按照国际法，荷兰海军不能对英国港口发动进攻，于是西葡联合舰队开始抛锚停航，修补战舰。而荷兰海军也不敢贸然攻击，毕竟他们只有 13 艘战舰，他们只是围在港外封锁了唐斯海，并向周围的荷兰海军求援。荷兰方面征调了所有能够参战的船交由特罗普指挥，当所有船只到齐后他的舰队包括了 105 艘战舰和 12 艘纵火船，虽然无法在单位吨位上与西葡联合舰队的船只相比，但毕竟数量上占据了优势。

1639 年 10 月 21 日，西葡联合舰队

三十年战争发生于 1618—1648 年，是由神圣罗马帝国的内战演变而成的一次大规模的欧洲国家混战，也是历史上第一次全欧洲大战。这场战争是欧洲各国争夺利益、树立霸权的矛盾以及宗教纠纷激化的产物。战争以哈布斯堡王朝战败并签订《威斯特伐利亚和约》而结束。

休整完毕，企图突破荷兰海军的封锁，荷兰海军将领特罗普发动了攻击，他巧妙的使用纵火船与火炮，指挥荷兰海军117 艘船将西葡联合舰队 77 艘战舰堵在狭窄的锚地内一通猛揍，此战结束时，西葡联合舰队只有奥昆多海军上将率 7艘战舰设法趁着燃烧的浓烟逃出。

唐斯海战标志着世界海军力量的重大转折，西班牙因这次海战在三十年战争之后到 18 世纪初，都未能重建其海军优势，荷兰彻底取代其成为世界最强大的海军力量。但唐斯海战发生在英国领海范围，公然破坏了英国的中立立场，对于英国来说，海军无力干预是其一大耻辱。英国对这次事件的怨恨对后来第一次英荷战争的爆发产生了一定影响。

八十年战争发生于 1568—1648 年，是尼德兰联邦清教徒反抗西班牙帝国统治所展开的战争，西班牙帝国称之为低地国叛乱。

切萨皮克湾海战

切断英军补给线

切萨皮克湾海战是美国独立战争期间，英、法两国分舰队在美国弗吉尼亚州东部切萨皮克湾进行的海战。此战促使了约克城英军的投降，也加快了美国独立的进程。

在 1781 年时，美国的独立战争进入决定性阶段，华盛顿的大军接连取得胜利，使美国南部各州获得解放，英军则占领着美国东部几个港口，扼守己方后勤补给的入口，万一战败，也能借着港口将自己的部队撤退，而切萨皮克湾就是其中重要的一处。切萨皮克湾是约克城驻守英军的补给线，也是

侧推通道。

1781 年 3 月 16 日，美国的联军法国海军为了侦察此处的敌情，对驻守在切萨皮克海域的英国舰队进行了试探性的袭击，在与英舰的短暂接触后就撤离了。此后，法国经过几个月的准备，1781 年 9 月初，法国海军中将弗朗索瓦·约瑟夫·保罗·德·格拉斯率分舰队从西印

▶ [《巴黎和约200周年》邮票]

切萨皮克湾海战的结果导致了《巴黎和约》的签署，这枚邮票就是为了纪念和谈而发行的。美国邮政在1983年发行了《巴黎和约200周年》邮票，图案为亚当斯、富兰克林和约翰·杰伊（左起）与英国代表戴维·哈特利（David Hartley）（右座者）在签署《巴黎和约》的场景。

度群岛出发，进至切萨皮克湾入口处停泊，切断英军海上供应线。

英方为打破海上封锁，由T·格雷夫斯海军少将率分舰队驶往切萨皮克湾。9月5日晨，法舰队发现英舰队后，立即下令起锚迎击。此时法舰队有战列舰24艘，旗舰为"巴黎城"号，而英舰队有战列舰19艘，旗舰为"伦敦"号，从军舰数量上看，法军占据上风。

双方交战后，格拉斯命令分舰队绕过亨利角向东航行。格雷夫斯分舰队则列成纵队从北面接敌。经数小时机动后，双方开始炮战。后因风力减弱，英舰队的中央分队和后卫分队因不能迅速前进，处于炮火射程之外，致使前卫分队受法舰猛烈的炮火攻击，处于孤立无援境地。英舰"恐怖"号遭重创后被弃。格雷夫斯命令分舰队停止前进，撤出战斗。格拉斯也率分舰队返回切萨皮克湾，停泊在亨利角外。9月10日，法舰队又得到8艘战列舰增援。13日，英舰队被迫撤退。

切萨皮克湾海战是一场规模非常小的海战，只有24艘法国战舰和19艘英国战舰投入战斗，双方损失都不大，加在一起也就只有不到500人的伤亡，但是这场海战直接支持了华盛顿在1781年攻击约克城的行动。因为赶走了切萨皮克湾的英国海军，使约克城的英军丧失了撤退的希望，最后只得投降。约克城军团的投降又导致了英国在美洲大陆有组织的军事行动的彻底破产，英军政府彻底放弃了美洲殖民地，使美洲在经过6年的战争后建立了一个新的国家——美国。

近现代海战

Modern Naval Battle

汉普顿海战

第一次装甲战舰之间的生死搏斗

汉普顿海战是美国南北战争期间爆发的一场海战，是有史以来装甲战舰之间的首次作战。

19世纪，工业革命传到美国，美国经济迅速发展，同时美国获得了西部的大片领土，在西部接连成立新的州。每当新州成立之际，就会在该州内发生容许或禁止奴隶制存在的斗争。

北方资产阶级和农民主张在新州内禁止奴隶制度，要求把新州确定为自由州。南方奴隶主则力图把奴隶制扩大到西部，主张把新州确定为容许奴隶制存在的州，奴隶主利用其在国会及政府中的统治地位，连续取得胜利，激起北方广大人民的愤慨。

▲ [汉普顿海战]

铁甲舰是装甲舰的前身，是由木质或混合材料的舰船改装而来，因其外层包上了厚厚的铁甲用来抵御攻击而得名。1859年，排水量5630吨的"光荣"号战列舰在法国出现；1860年，排水量9137吨的"勇士"号战列舰在英国出现。铁质装甲包覆着这两艘军舰，于是这两艘战舰被视为世界上最早出现的两艘蒸汽铁甲舰。

▲ [最早的铁甲舰——"班长"号]

装甲战列舰普遍都采用钢质舰体，满载排水量可达到12 000吨，采用螺旋膛线的主炮口径达到300～350毫米，舰体防护装甲的厚度达到230～450毫米，航速为16～18节（1节即1海里/小时，约合1852米/小时），大吨位、大活动半径、最大口径火炮、最强装甲防护是装甲战列舰的特征。

南军改装"弗吉尼亚"号

在美国南北战争爆发前，北部联邦已经建立了自己的海军，而南部联邦没有海军。南北战争爆发后，北部联邦海军派出军舰封锁了南方的主要港口。此时，南部联邦才想建立自己的海军，准备从国外进口装甲舰，但是远水解不了近渴。正巧在北部联邦海军撤离诺福克时有一艘来不及销毁的木质蒸汽舰留在那里。南部联邦政府立即把它拿来，对它进行改装，拆除了上层建筑，安装了10门装甲炮塔，其中4门是线膛炮。在舰艏装上了坚硬的撞角，舰体上还装了两层铁甲，这样就成了一艘装甲战列舰。改装后的军舰被命名为"弗吉尼亚"号。

北军建造"班长"号

北部联邦海军得知南部联邦改装装甲战列舰的消息后，立即开工建造"班长"号装甲舰。它的排水量达12 000吨，下部舰体为铁质，上部舰体为木质，在木质舰体外包127毫米厚的装甲。在它的甲板上装有一个可以旋转的炮塔，炮塔上装有2门口径为275毫米的火炮。

1862年3月8日，"班长"号装甲舰试航结束，被编入北部联邦海军，参加北军封锁诺福克港的行动。

南北对决

1862年3月8日中午，南部联邦的

装甲战列舰"弗吉尼亚"号气势汹汹地冲向停在汉普顿的北部联邦海军舰队。北部联邦海军的快速战舰立即向"弗吉尼亚"号发炮，炮弹命中了目标，弹片四处乱飞。但是，实心弹丸打在"弗吉尼亚"号舰体上，只留下浅浅的凹坑。由于"弗吉尼亚"号有装甲防护，毫无损伤。此时"弗吉尼亚"号已经冲到北部联邦海军舰队面前。"弗吉尼亚"号用撞角撞沉了北部联邦海军的两艘木质军舰。"弗吉尼亚"号装甲战列舰大显身手，取得了令其满意的战果，北部联邦海军损失惨重。

北部联邦海军当即安排新造的"班长"号装甲舰于黄昏时分赶到了汉普顿锚地。

3月9日，南部联邦的装甲战列舰"弗吉尼亚"号为了扩大战果，在汉普顿锚地附近发现了北部联邦海军的一艘蒸汽快速战舰。于是，"弗吉尼亚"号便迅速向它驶去。不过它的这次如意算盘打错了，在北军蒸汽快速战舰旁边，正虎视眈眈地停泊着新建的装甲舰"班长"号，"班长"号瞄准"弗吉尼亚"号开炮。这样，海战史上第一次装甲战列舰之间的战斗打响了。

"弗吉尼亚"号排水量大，舰上装的火炮数量多，火力上占有优势，它集中全部火力攻击"班长"号。由于"班长"号装甲舰机动性好，使得"弗吉尼亚"号无法实施准确射击。两艘装甲战列舰

▲ [约翰·埃里克森]

1837年，约翰·埃里克森发明了具有划时代意义的推进工具——螺旋桨，引起了美国政府的高度重视。1840年初，埃里克森和斯托克顿一起设计建造了一艘用螺旋桨推进的军舰"普林斯顿"号，从而使美国拥有了世界上第一艘螺旋桨蒸汽舰。南北战争期间，汉普顿海战中北方海军的"莫尼特"号也是约翰·埃里克森的创新设计。当时的他仅根据一项合同便开工了。由于工程时间紧张，"莫尼特"号根本没有什么完整的综合设计书和比例模型，埃里克森只在建造过程中，根据需要亲自绘制了100幅详图。此后，他仍然致力于火炮研究，为美国海军舰上武器装备的发展贡献很多。

汉普顿海战参战双方兵力：
联邦军（北军）、南部同盟军（南军），双方交战舰船只有20艘。

虽然都被对方炮弹击中，但由于有装甲防护，舰体损失都不大。

这样海战史上第一次装甲战列舰之间的战斗，以打成平手而结束。

梅希约内斯海战

荒漠硝石引发的争端

梅希约内斯海战又称硝石战争、鸟粪战争，是1879—1883年智利同玻利维亚、秘鲁争夺南太平洋沿岸阿塔卡马沙漠资源的战争。

阿塔卡马沙漠虽然荒凉，既没有水源也没有公路，甚至没有固定的居民点，人烟稀少，鲜有人迹。但就是在这片黄沙下面，储藏着大量鸟粪和硝石，鸟粪作为一种优质的有机肥料，是当时玻利维亚最重要的出口商品，很长一段时间内，玻利维亚靠着出口鸟粪获得外汇，填充自己空虚的国库。而硝石则更加重要，它是欧美兵工厂用来制造火药的重要原料，其战略价值不可估量。一旦掌握了硝石的来源，无疑能得到欧美国家的青睐和庇护，从而能够在提高军事实力方面得到帮助。

三国相安无事

在西班牙殖民统治时期，阿塔卡马沙漠没有明确划定归属。后来玻利维亚、智利和秘鲁脱离了殖民统治，建立了独立的国家，这片沙漠的归属权被提到了议案上。三国均宣布对该沙漠地区拥有主权，谁也不肯让步，最后三家达成一致，玻利维亚占有阿塔卡马沙漠中部安托法加斯塔地区；秘鲁拥有沙漠北部塔拉帕卡地区；智利则占据沙漠南部地区。

▲ [智利指挥官：阿图罗·普拉特·查孔]

阿图罗·普拉特·查孔10岁就进入海军学校，1861年以最优的成绩毕业，在1879年一次惨烈的海战中，普拉特率领军舰与秘鲁海军主力铁甲战舰殊死战斗，在激战中阵亡，但普拉特·查孔慷慨激昂的战前演说振奋了智利军人的士气，他的勇往直前的大无畏精神鼓舞智利赢得了对秘鲁—玻利维亚联盟的胜利。

玻利维亚违反与智利的条约

直到 1874 年，事情开始发生了变化。这一年，智利与玻利维亚签订边界条约，自动放弃南纬 24°线以北的阿塔卡马沙漠全部主权，换来的是玻利维亚必须保证在 25 年内对智利与英国合资经营的矿业公司实施优惠税率。两国互惠互利，几年来情同手足。

1878 年，玻利维亚政府大力发展军备，为了筹措军费，不惜违反与智利的条约，单方面增加智利与英国合资经营的矿业公司的税额。智利方面当然不

▲ [硝石矿石]

硝石又称焰硝、钾硝石等。无色、白色或灰色结晶状，有玻璃光泽。可用于配制孔雀绿釉，还可用作五彩、粉彩的颜料，是制造火药的原料之一。白色粉末，易溶于水，加热到 334℃即分解出氧。工业上是制造火柴、烟火药、黑火药、玻璃的原料和食品防腐剂等。在智利等地经开采和富集可直接制得硝酸钾。

▲ [阿塔卡马沙漠]

阿塔卡马沙漠占据了智利南纬 18°～28°之间的大面积领土，南北长约 1100 千米，绝大部分在安托法加斯塔和阿塔卡马两省境内。在《吉尼斯世界纪录大全》中，阿塔卡马沙漠是世界上最干旱的沙漠。

同意，于是授意矿业公司根据 1874 年的条约不予交纳，并且抗议玻利维亚的此次举动。玻利维亚政府这一次似乎铁了心要拿这家公司开刀，要拿到这笔钱。不久之后，玻利维亚政府决定没收智利与英国矿业公司开采的矿山，并将其公开拍卖。

智利正式向玻、秘两国宣战

1879 年 2 月 14 日，智利在英国资本家的支持下，出兵占领玻利维亚港口安托法加斯塔，战争爆发。秘鲁因曾与玻利维亚签订一项秘密同盟条约，不久也卷入冲突。4 月 5 日智利正式向玻、秘两国宣战。

1879 年 5 月，智利海军司令威廉姆斯留下战舰"埃斯美莱达"号封锁秘鲁要塞伊基克，但遭到秘鲁海军的偷袭，"埃斯美莱达"号被击沉。同年 10 月 8 日，智利舰队在例行巡航中遭遇秘鲁舰队，双方展开了南美历史上第一次铁甲舰决战。智利拥有一支两倍于秘、玻联合舰队的海军，在梅希约内斯附近海战中，智利海军摧毁了秘鲁主力铁甲舰"胡阿斯卡"号。

智利轻松获得海上控制权

1879 年 11 月，7000 名智利士兵在 6 艘军舰的护送下，在伊基克要塞附近登陆，秘鲁和玻利维亚的联军进行了殊死抵抗，但当时玻利维亚陆军装备低劣，部队里充斥着脚蹬凉鞋、穿着五花八门服装的印第安人，他们没有步枪等火器，只有原始的弓箭和十字弩，这也使"南美太平洋"成为世界上最后一场使用弓、弩作战的战争。

智利军队全面占领秘鲁和玻利维亚

梅希约内斯海战后，智利军队取得了海上控制权，并开始攻击秘鲁的塔拉帕卡省，即今天的伊基克和智利最北部城市阿里卡。

11 月初，智利军队在秘鲁皮萨瓜登陆，全歼当地守军，迅速占领了塔拉帕卡省全境。

1880 年初，智利军队在秘鲁伊洛和帕科查港登陆，占领莫克瓜，通过荒漠地带，在塔克纳和阿里卡两次战役中打败了玻秘联军。

至此，智利军队已占领了玻、秘两国太平洋沿岸全部硝石产地。玻利维亚失去了继续进行战争的能力，并实际上退出了战争。1881 年 1 月 17 日智利军队攻占秘鲁首都利马。

▲ [安托法加斯塔的著名景点——沙漠之手]

沙漠之手雕塑高约 10 米，犹如一个巨人被沙漠埋葬后伸出的绝望的手。

▲ [智利军队与安托法加斯塔沙漠]

智利收获胜利成果

1883 年 10 月 20 日，智利和秘鲁在利马北部安孔城签订条约，结束了太平洋战争。根据《安孔条约》，秘鲁将塔拉帕卡省割让给智利，并将塔克纳和阿里卡两地区交给智利管辖 10 年。玻利维亚则先后于 1884 年和 1904 年与智利签订《瓦尔帕莱索协定》和《和平友好条约》。玻利维亚丧失了安第斯山脉与太平洋沿岸之间的全部领土，变成了一个没有出海口的内陆国，严重地影响了其经济的发展。

智利从 19 世纪中叶以后开采硝石。第一次世界大战前智利硝石垄断世界市场，年产量达 300 万吨。自从人工合成氮出现后，硝石市场大为缩小，当地经济一落千丈。

马江海战

中国近代海军史上极为惨痛的一战

马江海战又称马尾海战，由于清朝政府的腐败无能，福建海军在此战中从开始不得抵抗到仓促迎敌，最后全军覆没，写下了中国近代海军史上极为惨痛的一页。

▲ [马尾海战法舰指挥者：孤拔]

闽江下游，从福州东南乌龙江与南台江汇合处，至入海口的一段俗称马江，又名马尾。此地建有著名的马尾港，是清朝福建水师舰队的基地，也是重要的通商口岸。它距离省城福州仅百里，是福建的重要屏障。

法舰"游历"马江　实为探路

1884 年 7 月 14 日，法国海军中将孤拔率领舰队以"游历"为名，驶进闽江马尾港。

清廷特派主持福建沿海防务的会办，福建船政事务大臣张佩纶见状，立即发

▲ [马尾造船厂纪念馆（即马江海战纪念馆）]

当时法国画报刊载的所谓《法舰队大破清国海军图》

电，请求其他三洋舰队派舰支援马尾港以备不测，但只有广东水师派了2艘军舰。在搬兵的同时，张佩纶及船政大臣何如璋、福州将军穆图善等多次致电清廷询问战守之策，得到的多是"彼若不动，我亦不发"之类的命令，于是便不顾水师将领的请战，下严令"无旨不得先行开炮，必待敌船开火，始准还击，违者虽胜尤斩"。

于是，法舰在马江口，每日或进、或出，通行无阻。他们占据有利位置、侦察地形，与福建水师舰队的军舰相邻而泊，给福建水师军舰、福建船政造成了极大的威胁，战争一触即发。

8月17日，清政府与法国和谈无望，

▲ [张佩纶]

张佩纶，字幼樵，一字绳庵，又字篑斋，直隶丰润县齐家坨人（今河北唐山丰润），同治十年（1871年）辛未科二甲进士，授翰林院侍讲，晚清名臣。早年在京城与李鸿藻、潘祖荫、张之洞、陈宝琛、宝廷等同为"清流"，以弹劾大臣而闻名。

近现代海战

遂下令沿海沿江各省加强防备，但对马尾方面，仅指示法舰在内者应设法阻其出口，其未进口者不准再入，并未解除不得主动出击的禁令。

当时，马尾一带有福建水师军舰11艘，江防陆军20余营。但由于清政府对战争的举棋不定，水陆各军缺乏统一指挥和协同作战的周密计划，加上装备不良、弹药不足，因此，清军兵力虽然较法国方面占优势，但战斗力却很弱。

8月22日，法国政府电令孤拔消灭福建水师。孤拔决定于次日下午趁退潮船身转移方向时开战。当时，停泊在马尾的法国军舰有8艘，另有鱼雷艇2艘，还有2艘军舰在金牌、琯头一带江面，

参战法舰共有重炮77门，总兵力1800人。

而福建水师方面有军舰11艘，炮45门，兵员1100人。福建水师的军舰大都采用立式蒸汽机，机器在水线之上，又无护甲，极易被破坏，装备的火炮又基本都是前膛炮，既没有装甲，威力、射速也都不如法国军舰装备的后膛炮，更为不利的是，法国舰队还装备了当时的新式武器——机关炮、鱼雷。

清军兵力虽然比法国多，但战斗力明显弱于法军，加上孤拔选择退潮时开始攻击也对法舰有利。这是因为退潮时开战，可使大部分福建水师军舰位于法舰的前方，暴露在法方炮火之下，使清军无法进行有力的回击。

英国人赫德说："真正的荣誉应当属于战败的人们，他们奋战到底，并且和焚烧着的、被枪弹洞穿的船舰一起沉没。"

清军仓促应战

8月23日下午1时56分，潮水开始退了，到了孤拔的攻击时间。法舰大炮轰响，福建水师舰队还未起锚就被敌炮击沉2艘，并有多艘受创。

如此劣势之下，福建水师官兵仍奋起还击，在"扬武"号的驾驶官詹天佑和管带张成带领下，沉着应战，用尾炮准确地袭击法军旗舰"伏尔泰"号，击毙法军多名，差点让孤拔丧命，但是很快法军鱼雷艇击沉了"扬武"号。

福建水师的炮艇"福星"号在开战时就受了重创，但它们立即断锚转向，冲入敌阵，瞄准敌旗舰猛烈射击，连续命中。后遭敌舰三面围攻，火药库中弹爆炸，全艇官兵皆遇难身亡。

此外，"飞云"号、"福胜"号也都临危不惧，奋战不已，直到船沉。

江面战斗进行了约半小时，福建水师11艘舰艇全部被法舰击沉，海军将士伤亡700余人。法军仅死伤30余人，两艘鱼雷艇受重伤，其余皆为轻伤。

福建水师舰队覆灭后，当日夜间，沿江居民自发驾驶渔船、盐船用水雷等武器对法国舰队发起火攻，整个23日夜间，马江上下火光冲天，雷声、炮声不断。

▲ [日意格]

在福建船政创办及发展过程中，有位外国人参与其中20余年直至逝世，并发挥了重要作用，他就是曾被聘任船政正监督的法国人日意格。

据传战争爆发后，张佩纶正在吃猪蹄，听见炮声后吓得鞋都跑掉了，跑到一半实在跑不动了，只好由亲兵拽着往前走，逃到鼓山后被当地百姓轰了出去。

在马尾海战之前，马尾其实已经赫赫有名，它是当时中国最大的造船厂"福州船政局"的所在地。这座由晚清名臣左宗棠建立，沈葆桢（林则徐的女婿）主持的造船厂，为清朝建造了40艘各类船只，并组建了中国第一支近代海军：福建水师，也就是在"马尾海战"中悲壮地全舰队沉没的那支水师。

镇海海战

中法镇海之战

镇海海战发生在清光绪十一年（1885年）2—3月，是清军在浙江镇海抗击法军入侵的战斗，也是鸦片战争以来我国首次获得全胜的一次重要战役。在中国近代军事史上，尤其是海防史上具有重要的地位。

▲ [镇海海防历史纪念馆炮台]

清光绪十年（1884年），法军在我国台湾沪尾战败后，为孤立我国台湾守军，法军宣布封锁台湾海峡，甚至连稻米也视作战争禁运物资，任何国家的船只都不允许在中国沿海载运稻米，以此切断清政府的重要经济命脉——漕运，企图阻断南北海运及闽台联系。

大陆援台

福建军民采用夜雾偷渡等办法运送援台物资，但杯水车薪，缓不济急。为打破封锁，清廷令南洋水师派舰船援台。

清光绪十一年（1885年）1月18日，由提督衔总兵吴安康率领5艘舰船自上海起航南行援台。

得知消息的法国远东舰队司令孤拔，从一些掌握的情报进行判断，认为这几艘军舰可能正躲在宁波的镇海港内，于是亲率7舰拦截。

双方舰队相遇于浙江石浦檀头山海域，吴安康一见法军便率队逃跑，其中2艘航速较低的战舰被迫驶入石浦港隐蔽，但被法舰发现并击沉。

吴安康带领3艘军舰逃到了镇海口内，孤拔随即率队进犯镇海。

▲ [中法战争镇海之役胜利纪念碑]
纪念碑上刘秉璋的浮雕像为中间骑马者，右侧为时任浙江提督欧阳利见。

吴杰指挥炮轰来犯

镇海位于甬江入海处，是浙东门户扼宁波之咽喉。自法舰侵扰东南沿海以来，浙江提督欧阳利见等守将日夜督兵备战，构筑了较为完备的海岸防御工事。

孤拔指挥"巴雅"号等几艘法舰在夜幕的掩护下侵入镇海海面，被海防哨兵发现后，提督欧阳利见立即沉船堵口，南北两岸炮台和泊港舰只严阵以待。法舰见此景未敢贸然前进，而是在离镇海港外七里屿海面抛锚。而孤拔乘一艘小

◀ [欧阳利见]
欧阳利见，清末湘军将领。湖南祁阳城郊芳名亭人。字庚堂，号健飞。1884年中法战争爆发，驻宁波，亲督诸将防守镇海。

型轮船"纽回利"号驶至游山附近侦察，被此处守军发现，由吴杰指挥的南北两岸炮台向法舰开火，击伤"纽回利"号，法舰离去，孤拔回到法军旗舰"巴雅"号上。

出其不意炮轰法舰

孤拔在法军"巴雅"号上，针对侦察的地形，研究了一个晚上，第二天又来了，并主动开炮轰击招宝山和金鸡山，而此时浙江提督欧阳利见却犹豫了，始终遵上峰旨意并未还击，他手下的将领吴杰请战，想和之前一样与法舰对轰，但欧阳利见并不同意，还以军法命令他不允许还击。

眼看法舰越来越靠近炮台，炮台的有效射程稍纵即逝，吴杰一再请战无果，冒着被军法处置的风险，亲自来到镇海

的招宝山炮台，来到最前沿的一门大炮前，瞄准法国旗舰"巴雅"号开了炮。吴杰的这一炮正好击中了"巴雅"号的舰艇主桅的横木，主桅杆折断了，随后法国舰队逃离了战场。

法舰再次遭炮轰

之后法国舰队因为不敢离招宝山炮台太近，只能以火炮远远地遥射。隔三差五地来炮轰沿岸炮台，目的就是围住镇海出口，以防吴安康的3艘军船给台湾送去物资，这样的局面持续了一个月之久，清副将王立堂率敢死队偷偷把新式的八门铜炮，埋伏在南岸镇海的金鸡山北角靠海突出的地方。次日，法舰依旧以火炮远远地遥射来骚扰边防炮台，没想到王立堂出其不意地开炮，使得法舰连中五发炮弹。

至此，孤拔多日来的进犯没得到一点好处，还白白受了几炮，他无心再战，结束了此次战役。

> 副将是清代绿营武官名。清沿明制之副总兵而改称副将，秩从二品，位次于总兵。另外总督、驻防将军、河道总督及漕运总督下亦设副将，掌总理营务、催护粮艘等事。此处副将应该是驻防将军的副将。

胜利来自于一年多的准备

镇海战役实际的最高决策者和指挥者为浙江巡抚刘秉璋。他在确定防御策略、确立指挥和协调机构、筹措银饷这最关键的三个问题上，做出了重要贡献。

刘秉璋对中法战争早有准备，一边

> 由于沿海地区经过几次战争之后财政窘迫、入不敷出，为了保证海防资金的充足，刘秉璋一边上奏清廷请求豁免浙省应解的京饷及各省协饷，一边进一步制定追欠章程，避免贪污挪用，以保证军饷主要来源厘金的按时收缴；同时还努力开源节流，增加财政收入。这一举措都为镇海大捷奠定了胜利的基础。

▲ [晚清重臣刘秉璋]

作为晚清重臣，刘秉璋并非望族出身。他生在一个农民家庭，自幼读书，19岁那年，跟着老师家的公子、后来也成为重臣的潘鼎新一同来到京城求学，师从李文安、李鸿章父子。

把外国传教士全部逮捕关进集中营统一看管，并出重金把熟悉甬江水道的外籍引水员雇佣下来，防止被法军聘用；一边在宁波和镇海之间，架设了的电报线路，并保证可以遥控通讯。镇海此地各路兵马统一由欧阳利见指挥，铺设多道防线；甬江口外布有水雷；甬江口里备有满载石块的旧船，随时可以沉船封江。

如此长达一年的准备，使得法舰在攻击镇海无果后，灰溜溜地撤离了。

甲午海战

影响中日历史走向的战争

日本通过不断扩张，将触角逐渐介入到中国领海，中日间海军的较量不可避免地发生了，甲午海战就是中日对抗的全面展现。

▲ [中国甲午战争博物馆]

甲午海战纪念馆坐落于甲午战争纪念地威海刘公岛上，是一个以建筑、雕塑、绘画等综合艺术展示甲午悲壮历史的大型纪念馆。占地 14 000 平方米，建筑面积 8900 平方米。

在 1887 年时，日本就已制定了《清国征讨方略》，在这个方略里，明治天皇预计在 1892 年前完成对华作战准备，征讨的目标则是朝鲜、辽东半岛、山东半岛、澎湖列岛、台湾、舟山群岛。为了这个目标，他不惜倾国所有，迅速扩建军备。事实上，他也是完全按照这个时间表和路线图，展开了对中国的侵略，并且几乎梦想成真。1892 年，日本就提前完成组建起一支拥有 6 万多名常备兵和 20 多万预备兵的陆军，以及排水量 7 万多吨的海军，军舰排水量和武器装备均超过了当时的清朝北洋水师。

北洋水师自 1888 年正式建军后，就再没有增添任何舰只，舰龄渐渐老化，1891 年以后，甚至连枪炮弹药都停止购买了。日本明治天皇发现清军水师的这种状况，觉得进攻清朝时机成熟，并开始对中属朝鲜进行内政干涉和经济掠夺，日本派出强大兵力企图攻占朝鲜，在获得英国支持之后，日本海军同时进攻了中国舰队，引发两国间的战争。

1894 年 8 月 1 日（光绪二十年七月初一），中日双方正式宣战。

▲ ［甲午海战纪念馆内雕像］

1894 年 9 月 15 日上午平壤陷落，北洋水师护送 4000 余名入朝援军到朝鲜。9 月 17 日返航时在鸭绿江口大东沟遭遇日军阻截，甲午海战爆发，这是甲午战争中继丰岛海战后的第二次海战（黄海海战），也是中日双方海军一次主力决战。

日本海军在大同江外海面，集中了 12 艘军舰，包括其全部精华，即吉野、高千穗、秋津洲、浪速、松岛、千代田、严岛、桥立 8 艘 5000 马力以上的主力舰和巡洋舰。

战斗开始不久，北洋舰队旗舰"定远"舰由于下水 12 年，久已失修，舰桥被突然开火的大炮震塌，北洋水师提督丁汝昌摔伤，信旗被毁。丁汝昌拒绝随从把自己抬入内舱，坚持坐在甲板上督战。可是他只能鼓一舰士气，战斗刚开始，

▲ ［北洋水师副将、"致远"舰管带邓世昌］

管带是清代军事职官名称，巡防营与陆军警察队统辖一营的长官亦称管带，海军的舰长亦用此称。

北洋水师就失去了指挥。日本第一游击队4舰利用航速优势绕攻北洋舰队右翼"超勇"号和"扬威"号,2舰相继被击中起火,退出战斗。

日本第二游击舰队绕至北洋舰队背后,与第一游击舰队形成夹击之势。北洋舰队腹背受敌,队形更加混乱。在混战中,北洋舰队一直冲杀在前的"致远"舰受到日本"吉野""高千穗"等舰的集中轰击,多处受伤,船身倾斜。"致远"舰管带邓世昌下令向"吉野"号右舷高速撞去,不幸为一枚鱼雷击中,全舰官兵252名壮烈战死。

历时5个多小时的黄海海战到此结束。海战的结果是北洋舰队损失"致远""经远""超勇""扬威""广甲"5艘军舰,死伤官兵千余人;日本舰队"松岛""吉野""比睿""赤城""西京丸"5舰受重伤,死伤官兵600余人。

由于清政府腐败,一味地妥协退让,致使清军丧师失地:先败于朝鲜,后败于辽东,北洋舰队全军覆没,甲午海战清军全面溃败,京津危急。面对这种形势清政府惊恐万状,决意乞和。清朝政府迫于日本军国主义的军事压力,于1895年4月17日与日本签订了《马关条约》。甲午海战以后,由于北洋舰队此后不敢再战,日本基本上掌握了黄海制海权。

▲ [甲午海战遗物 - "济远"舰主锚]
"济远"舰是北洋水师在1883年向德国订购的一艘巡洋舰。在甲午战争中参加了丰岛海战、黄海海战和威海卫之战。

《马关条约》是清朝和日本于1895年4月17日(光绪二十一年三月二十三日)在日本赤间关马关港(今日本山口县下关市下关港一带)签署的条约,原名《马关新约》,日本方面称为《下关条约》或《日清讲和条约》。

根据条约规定,中国割让辽东半岛、台湾岛及其附属各岛屿、澎湖列岛给日本,赔偿日本2亿两白银。中国还增开沙市、重庆、苏州、杭州为商埠,并允许日本在中国的通商口岸投资办厂。

该条约是继《北京条约》以来侵略者强加给中国最恶毒的不平等条约,它使日本得到巨大的利益,也适应了帝国主义各国向中国输出资本愿望。该条约的签署标志着甲午战争的结束。

威海卫保卫战

中日对抗战

1895年1月，日军的炮火开启了新一轮的战争，在近两个月的时间里，清军与日军进行了殊死战斗，但是面对近代化更彻底的日军，清军先是陆战失利，屡失炮台，残存的北洋水师也在日军水陆夹击中走向了末日。

1895年1月20日，日本军队在荣成湾登陆。清守卫军拼死抵抗，日军费了九牛二虎之力才登陆成功，日本联合舰队护送的19艘兵船先后到达荣成。

李鸿章和他的高级军事顾问们，做梦都没想到日本人会从山东登陆。因为此时的日本人已经兵出朝鲜，在东北闪击得手，轻取大连、旅顺，势必要直取沈阳，怎会将大量兵力用在山东呢？但日本人的意图是取下山东，不但可以消灭北洋水师，彻底了断日本人对"定远"号和"镇远"号的恐惧，而且由山东进军北京更加快捷。在战略上，清军已先失一招。

▲ ［丁汝昌］

▲ ［日军占领威海卫炮台——黄土崖炮台］
被日军占领的威海卫黄土崖炮台，由日本随军记者拍摄。

▲ [威海卫炮台]

南北炮台先后失守

占领荣成后，日军第六师团沿荣成至威海大道，直插威海南帮炮台，企图一举拿下。在南帮炮台危急关头，北洋水师提督丁汝昌率"镇南""镇西""镇北""镇边"几艘军舰赶到，但在日本海、陆两军的夹击下，敌众我寡，南帮炮台最终失守。

南帮炮台失陷后，丁汝昌亲自赶到北帮炮台，与守将戴宗骞商议"战守之策"。但是守军害怕日军，在夜里偷偷溜跑了，最后整个炮台仅剩19名守军，为防止北帮炮台被日军用来攻击刘公岛，丁汝昌命令炸毁炮台和弹药库，就这样，日军不费一枪一弹便占领北帮炮台。

▲ [被"定远"号炮火轰死的日军少将大寺安纯]

日本少将之死

大寺安纯是日军第六师团第十一旅团旅团长。1月30日，在指挥日军攻占摩天岭炮台不久，在护卫的簇拥下来到炮台视察。大寺安纯在随军记者远藤正云的吹捧下，摆出各种姿势配合记者拍照，被"定远"号炮弹击中，一时间，炮台、少将、记者全被烟雾笼罩。

大寺安纯腹部被击穿，当场毙命，那个记者远藤正云也被炸死。

威海卫保卫战

日军占领威海南北帮炮台之后，本想从海边大道直捣威海卫城，但受北洋水师舰队的炮火封锁。日军陆军与海军配合，向北洋水师舰队及各炮台发动了猛烈攻击。双方炮战异常激烈，守军奋勇抗敌，致使日舰"筑紫"号、"葛城"号先后被击伤，迫使日军退兵。

正面进攻失利后，日本联合舰队司令长官伊东祐亨决定以鱼雷袭击。在海战中英勇异常，屡击不倒的"定远"舰被日军发射的鱼雷击中，失去机动力，同时"定远"号的舰炮击沉了日本鱼雷艇。

"定远"号中雷后，伊东佑亨对威海港发动了更为猛烈的攻击。丁汝昌命令鱼雷艇出击日舰，不料，鱼雷艇管带王平与蔡廷干等密谋逃跑，二人率10艘鱼雷艇和2艘汽船向烟台逃跑，此举打

▲ [伊东祐亨]

伊东祐亨，著名军事家，日本海军大将，伯爵。甲午战争时以海军中将衔任联合舰队司令官，战后封子爵，升海军军令部长，日俄战争时任大本营海军幕僚长，后受封为伯爵。

在北洋海军诸多将领中，杨用霖是唯一没经过学堂正规学习，从基层一步步成长起来的高级军官。他口诵文天祥的名句："人生自古谁无死，留取丹心照汗青。"拔出手枪自尽，属下冲入舱室时，见他"头垂胸前，鲜血从鼻孔中汨汨地流向胸襟，而枪仍然在手中"。在这场海战中，杨用霖为防止有人降旗乞降，自己亲自将战旗钉在桅杆上。

▲ [刘步蟾]

▲ [张文宣]

乱了北洋水师舰队的防御部署，在日军猛烈的攻击下清朝守军伤亡殆尽。

战至此时，胜负已分，守卫威海卫的将士们，以身殉国，战至最后一颗炮弹，清廷的将领们，也开始了他们的谢幕：

2月1日，陆将戴宗骞吞金自尽；

2月10日，刘步蟾服鸦片自杀；

2月11日，丁汝昌自杀，刘公岛护军统领、李鸿章的外甥张文宣自杀。

营务处道员牛昶昞与外国顾问盗用丁汝昌名义起草降书，派"广丙"号管带程璧光，乘"镇北"炮舰向日军乞降，14日，牛昶昞与伊东佑亨签订《刘公岛降约》，17日，日舰队开进威海卫港，北洋水师残余舰船"镇远""济远"等4舰和6艘炮艇及全部军用物资被掠，北洋水师全军覆没。

▲ [复原的"定远"号纪念舰]

该舰严格按照当年北洋水师旗舰"定远"号的主尺度等比例复原建造。"定远"号纪念舰长期停靠在威海港，作为一艘特殊的军舰博物馆，向社会开放。

▼ [威海卫海战场景]

美西海战

美国与西班牙争夺古巴

迅速强大的美国因为对资源与殖民地的掠夺，与西班牙产生矛盾，双方舰队在古巴圣地亚哥爆发了一场海战。

19世纪的古巴是西班牙的殖民地。古巴的蔗糖业和烟草业对于西班牙的重要性可谓无以复加。

美国自从诞生之日起，就将目光投向了古巴。而古巴周边也备受美国资本家的青睐，美国人在那里的投资甚至超过了西班牙，吞并古巴也被正式提到议程上。19世纪中叶，美国曾经两次向西班牙提出买下古巴，价码开到了1.3亿美元，但遭到了西班牙的坚决拒绝。此后，一场旷日持久的内战让美国耗尽了元气，

古巴问题只有暂时搁到一边，这一搁就是一代人的时间。

古巴人并不打算将命运交给西班牙或美国摆布，很快，他们自己也开始闹独立了。

1868年，第一次古巴独立起义爆发，西班牙花了整整10年时间才把这次起义镇压下去。到了1895年，古巴又爆发了第二次独立起义，而且声势更为浩大。把本来摇摇欲坠的西班牙君主制政府弄得焦头烂额。

▲ [美西海战]

1898年10月1日，美国以胜利者的姿态和西班牙政府进行谈判。12月10日，经过一番讨价还价，在古巴和菲律宾完全被蒙蔽的情况下，美国同西班牙签订了重新分割殖民地的《巴黎和约》。

1898 年 2 月 15 日，正在古巴向西班牙示威的美国"缅因"号舰船在哈瓦那港发生了大爆炸，酿成了一出 266 名船员丧生的惨剧。当时美西关系正剑拔弩张，美国报纸众口一词，都说是西班牙人的恐怖袭击。在公众的疯狂推动下，美国政府也顺水推舟，一边积极备战，一边进行走过场的外交交涉。美国提出了极为苛刻的最后通牒，没想到西班牙政府居然答应了美国所有条件。虽然西班牙人服软了，但是美国决定继续对西班牙进行武力打击。

亚洲西海岸的西班牙舰队全军覆没

美国总统威廉·麦金莱命令海军对古巴进行封锁，意味着战争开始了。

美国总统给在香港的亚洲分舰队司令乔治·杜威发去电报，命令他："备足燃料，一旦向西班牙宣战，你负责阻止在亚洲西海岸的西班牙舰队去古巴支援。"

杜威上将在菲律宾马尼拉湾口的科雷吉多尔群岛海域，趁天色未明之际突袭西班牙船队，使得亚洲西海岸的西班牙舰队全军覆没。

美军冲上了没有设防的海滩

另一个战场上，美军 63 岁的陆军上将威廉·R. 谢夫特率领 32 艘运输船，装载 16 800 余名士兵，从美国佛罗里达的坦帕出发，航行了约 1000 海里，抵达古

▲ [美国海军上将乔治·杜威]

乔治·杜威是美国历史上第一个具有国际性影响的海军名将，他在亚洲只用几个小时就搞定了西班牙舰队，自己未损一兵一卒，从而人气飙升，成为被美国人狂热欢呼崇拜的大英雄，也成为美国建国以来第一位也是唯一一个获得"海军特级上将"这一至高军衔的战将。

巴东海岸，分别从圣地亚哥以东的代基里和实沃内两地登陆。据说西奥多·罗斯福当时就在这支登陆的队伍中，他为了直接参加战斗，辞去了海军部次长一职，到第一志愿骑兵团担任团长，在后来攻打圣胡安时表现英勇，获得了"铁骑兵"的称号。

美国海军亚洲分舰队包括4艘巡洋舰，即5870吨的旗舰"奥林匹亚"号和"巴尔的摩"号、"波士顿"号、"罗利"号；2艘炮艇"康科特"号和"佩特雷尔"号；以及缉私船"麦卡洛克"号，总吨位20 000吨，共有33门15厘米炮，一次齐射可打出1680千克炮弹。

▲ ［美国运输船"塞内卡"号］
它完成了运送部队到波多黎各和古巴的任务。

▲ ［山姆大叔的渴望］
1896年，发表于西班牙的一幅讽刺漫画，上面的文字为"To keep the island so it won't get lost"。

西班牙舰队全军覆没

发现美军轻松登陆后，停泊在圣地亚哥港内的西班牙舰队司令塞尔维拉预感到陷落只是时间问题，于是决定率舰队出海突围。

这时西班牙舰队各舰总共只有16门大口径大炮，一次齐射总量仅为2700千克，而且因长期被困，问题成堆；一部分火炮还有故障，弹药大部分已变质。

而美军有备而来，弹药充足，整个舰队配置了60多门15厘米大炮，一次齐射可发射8550千克炮弹。

西班牙舰队司令塞尔维拉率舰突围时，旗舰被击中起火。海战进行了3个小时就结束了，美方一死一伤。西班牙舰船却成了屠宰场，2200名官兵死亡323人，受伤151人，舰队全军覆没。

西班牙承认古巴独立

从1898年4月24日，西班牙向美国宣战，美国于次日宣战开始至8月12日，为期4个月的美西战争结束，美国远征军攻占圣地亚哥，西班牙24000人投降。

1898年12月10日，双方在巴黎签订和约，西班牙承认古巴独立，美国只付给西班牙2000万美元，西班牙就把波多黎各、菲律宾、关岛割让给美国。夏威夷、萨摩亚和威克岛被美国兼并，从此，美国开始走向扩张称霸之路，更重要的是世界局势转向一个未知的方向。

对马海战

日本与俄国舰队的较量

对马海战是 1905 年日俄战争中两国在朝鲜半岛和日本本州之间的对马海峡进行的一场海战，是海战史上损失最为悬殊的海战之一。

日本在甲午战争胜利之后，中国成为它的主要侵略目标，与同样图谋中国的沙皇俄国形成了尖锐的冲突，在俄国、法国和德国的直接干涉下，日本不得不妥协而放弃中国辽东半岛，令日本对俄国怀恨在心。

1898 年，大清与俄国签订了旅顺、大连租借条约，清廷将旅大地区租给俄国 25 年。

俄国同时还积极向朝鲜半岛扩张。朝鲜向来是日本与亚洲大陆交流的跳板，朝鲜若为俄国所控制，不但日本向亚洲大陆扩张将化为泡影，甚至日本本土亦不免为俄国所侵扰。日俄两国关系因此日益恶化。

对马海峡海战开打

1904 年，日俄战争爆发。

▲ [俄国旗舰的前主炮]
与"亚历山大二世"号不同的是，"尼古拉一世"号安装了附加厚重装甲的主炮炮塔。

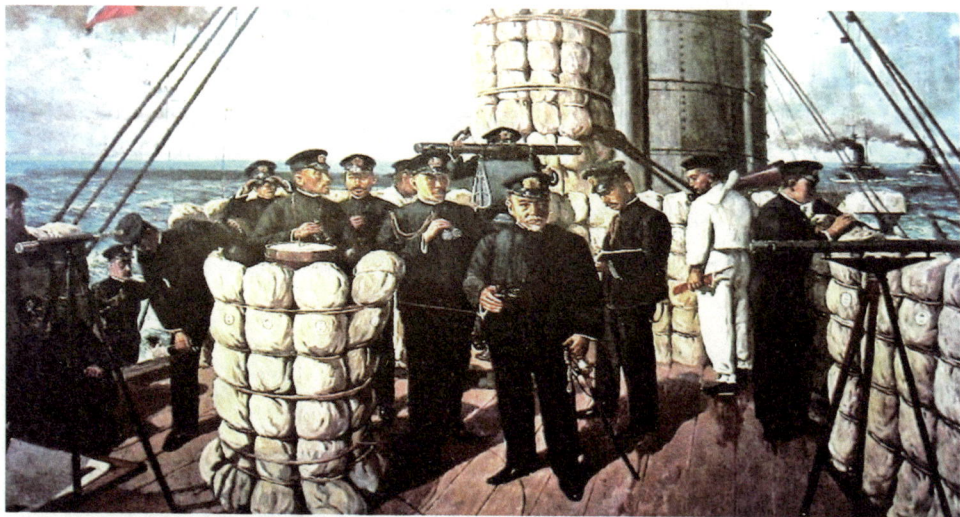

▲ [对马海战中俄国舰队上的指挥者]

近现代海战

远东：西方国家开始向东方扩张时对亚洲最东部地区的通称。通常包括中国东部、朝鲜、韩国、日本、菲律宾和俄罗斯太平洋沿岸地区也就是葱岭以东的所有地区。

战列舰是一种以大口径火炮的攻击力与厚重装甲的防护力为主的高吨位海军作战舰艇。

▼ [日本"三笠"号战列舰]

"三笠"号是作为"朝日"舰的准同型舰设计的，但是负责设计的维克斯公司将许多当时最先进的技术都应用到了这艘战舰上。

日本联合舰队把俄国太平洋舰队封锁在旅顺港内，使其动弹不得。俄国沙皇政府迅速组建了第二太平洋舰队，任命罗兹德文斯基中将为司令，从几千千米之外的波罗的海赶到远东增援。日本联合舰队司令东乡平八郎根据俄国舰队补给供应情况，判断出俄国舰队要前往海参崴，对马海峡是其必经之路。东乡平八郎下将全部战舰在对马海峡隐藏起来，等待着俄国舰队的到来。

途经对马海峡的俄舰队，不知不觉地就钻进了日本舰队的包围圈。

东乡平八郎指挥的日本联合舰队突然出现在俄国舰队面前。罗兹德文斯基一直以为大规模的日本舰队在台湾海峡，怎么也没想到，这里出现一支庞大的舰队来。

战争一开始就非常激烈，俄国的先头战舰"奥斯里亚比亚"号不久便中弹沉没了，"苏沃洛夫"号和二号舰"亚历山大三世"号也遭到重创，成片的尸体被抛上浅滩。经过两天的激战，战斗以日本海军的大胜，俄国第二太平洋舰队的覆灭而结束。这一战几乎打掉了俄罗斯海军全部的家当和精华。而日本海军仅损失雷击舰3艘，死伤700余人。

对马海战是近代海战史上著名的损失最为悬殊的海战战例之一。日本仅以损失3艘鱼雷艇的代价，赢得了压倒性胜利，俄国第二太平洋舰队几乎全军覆没。

对马海战结果充分证明了战列舰在海战中无可替代的霸主地位，并且深刻影响了海军技术的发展，催生了无畏型战列舰和战列巡洋舰的诞生，将大舰巨炮主义推向巅峰。

经此一战，俄国海军一蹶不振，俄国沙皇的统治也受到动摇，对马海战一个月后，俄战舰"波将金"号在黑海扬起了红旗，开始了俄国的土地革命。两年后，参加过对马海战的"阿芙乐尔"号巡洋舰在圣彼得堡的涅瓦河上发出一声炮响，震撼世界的俄国无产阶级"十月革命"爆发。

▲ [东乡平八郎]

正是由于日本在日俄战争中的胜利才使日本成为世界一流国家，引起各国注目，所以东乡平八郎被日本人称为军神，死后被日本天皇赐以国葬之礼。

日本从隋唐时期开始学习中国，许多日本人都对中国文化有深入了解，东乡平八郎十分热爱中国的心学，尤其崇拜心学的代表人物王守仁，这对他之后的军事生涯有潜移默化的影响。

对马海战中俄军38艘战舰参战，被击沉21艘，被俘9艘，阵亡4830人，被俘5917人；日军仅损失3艘鱼雷艇，阵亡117人，伤587人。此役之后，远东地区很长时间没有俄国舰队的身影。"对马"一词从此在俄语中成为失败的代名词。

海参崴（俄罗斯称符拉迪沃斯托克），位于亚欧大陆东面，阿穆尔半岛最南端。清朝时为中国领土，划为吉林将军隶下，1860年11月14日《中俄北京条约》将包括海参崴在内的乌苏里江以东地域割让给俄罗斯，俄罗斯将其命名为符拉迪沃斯托克，意为"镇东府"。

蔚山海战

日俄对战

蔚山海战是日俄战争期间，日本海军与俄国海军之间爆发的一次海战。俄国在日本海域横行，神出鬼没地袭击日本舰船，令日本人大为担心，遂发生了蔚山遭遇战。

日俄战争爆发后，驻海参崴基地的俄国海参崴海军，出现在了日本海域，并频繁袭击日本船只，这给日本海上运输造成相当大的麻烦。

1904年6月15日，俄海军在对马海峡附近击沉日本的"常陆丸""佐渡丸"等舰船，此举令日本一个近卫团的陆军官兵葬身海底，并损失了18门攻城重炮。当担任海峡警备任务的日本联合舰队第二舰队赶到现场时，俄舰早已全无踪影。

尔后，俄军海参崴海军舰队继续沿日本本州岛西海岸扫荡，击沉了多艘日本货船后，俄军舰又出现于东京湾附近海域。神出鬼没的俄军令日本大为震惊，迅速集结大规模兵力拦截，而俄舰队则再次平安返航。

8月14日早晨，日舰队在蔚山附近海域发现了他们搜寻的俄国战舰，而此

炮舰也是个相当繁荣的舰种，这是因为海上列强都占据了相当多的海外殖民地，不值得用大型主战舰只来维持，而炮舰与轻型护卫舰就可以镇压当地反抗殖民统治的最常见工具。

▲ [蔚山海战日方指挥官：上村]

战后埃森前往英国监造新的装甲巡洋舰"留里克"号，并在日后成为俄罗斯波罗的海舰队司令。

时俄国海参崴分舰队正南下接应俄国太平洋舰队，双方舰队相遇，日本舰队指挥官上村命令立即炮击俄舰。

在数量、火力、航速方面均占有优势的日舰，击沉一艘俄舰，俄舰见力量悬殊，冲出了日军的拦截，此战役就此结束。

蔚山海战后，俄国巡洋舰停止了对日本海上交通线的袭击，虽然此战损失了1艘装甲巡洋舰，但俄军指挥官埃森并没有因此受到责难，相反，因为海参崴分舰队初期成功的海上袭击而受到了赞誉。

蔚山海战是发生在日俄战争中的四次主要海战之一，也是世界上第一次真正的装甲巡洋舰之间的战斗。

德国偷袭英国皇家海军巡洋舰

"水下杀手" 歼敌记

潜艇一直有"水下杀手"之称，1914年德国利用一艘老式潜水艇，连续击沉英国3艘军舰，这样的战法促进了各国对海战战术的改进及对潜艇作战能力的再认识。

1914年9月22日拂晓，德国海军"U9"号潜艇在比利时奥斯坦德港和英国马加特之间的伏击阵位上游弋待机，清晨时分，"U9"潜艇上的韦迪根艇长发现了3艘英国皇家海军巡洋舰，即"阿布基尔"号、"霍格"号和"克雷西"号，排水量均为12 000吨。这3艘英国舰艇正在离比利时海岸大约30多千米的海面以纵列阵型缓慢地航行。

韦迪根指挥"U9"潜艇悄悄地向"阿布基尔"号靠拢，并下达了发射鱼雷的命令。

鱼雷带着嘶嘶的响声从射管中冲了出去。6时30分，随着一声巨响，"阿布基尔"号被击中。

韦迪根升起潜望镜，观察战况，令他难以相信的是，离被击沉的"阿布基尔"号不远的"霍格"号巡洋舰只顾着抢救"阿布基尔"号的落水船员，没有进行任何防卫或反潜行动，原来，英国人根本没有想到是德国潜艇攻击了他们，还以为是撞上了水雷。

韦迪根见对方无任何防备，当然不肯放过这个绝好机会。"U9"潜艇再次

▲ [韦迪根]

德意志帝国海军的一名海军上尉，在第一次世界大战中担任过潜艇舰长，并在一次海战中以1艘潜艇击沉敌方3艘装甲巡洋舰，成为德国海军史上最有名的战争英雄之一。

在第一次世界大战中，德国潜艇绝对是英国水手的噩梦，它们一共击沉了6000余艘战斗舰艇和商船，共计1800万吨的吨位。

▲ [被 "U9" 击中后——插画]

进入到有利的攻击位置。6 时 55 分，韦迪根再次下令发射了两枚鱼雷，鱼雷从潜艇的射管中呼啸而出，远处传来两声巨响，"霍格"号也被命中，并迅速开始下沉。

1917 年 2 月 11 日，德国宣布进行无限制潜艇战，共有 111 艘德国潜艇投入了战斗，给协约国方面，尤其是英国造成很大损失，并且牵制了协约国方面的大量人力、物力，初次显示了潜艇在现代海战中的重要作用和对整个战争的重要影响。

▲ ["U9" 潜艇全体船员]

▲ [被击沉的"克雷西"号]

"克雷西"号巡洋舰是英国皇家海军在"一战"期间的一艘万吨级装甲巡洋舰。舰上编制人数包括军官40名、水兵700名。它因在一场海战中和英国皇家海军的"霍格"号以及"阿布基尔"号巡洋舰一共3艘万吨级装甲巡洋舰被一艘单枪匹马的德国"U9"潜艇击沉，而被历史所记录。

> 无限制潜艇战是德国海军部于1917年宣布的一种潜艇作战方法，即德国潜艇可以事先不发警告，而任意击沉任何开往英国水域的商船，其目的是对英国进行封锁。

韦迪根指挥"U9"潜艇开始下潜，准备逃离这块是非之地。

连续2艘英国皇家海军巡洋舰被击沉，使幸存的"克雷西"号舰长约翰逊海军上校意识到是遭到了潜艇的攻击，于是拉响了战斗警报，准备反潜战斗，同时组织营救落水的同伴。

"克雷西"号朝着"U9"号潜艇潜伏的方向扑去，同时舰上的203毫米的主炮向"U9"号潜艇方向猛烈开火。

此时"U9"号潜艇并没有跑远，当韦迪根观察到英国人的举动后，逃已经来不及了，只能用潜艇尾部的鱼雷发射管，发射鱼雷以阻挡"克雷西"号的追击。

"U9"号潜艇冒着英舰射来的弹雨向"克雷西"号接近，韦迪根下令尾鱼雷管装载鱼雷，并指挥潜艇进入新的射击阵位。很快，"U9"号潜艇上的最后一枚鱼雷射了出去。"克雷西"号在一声巨响中遭到了灭顶之灾。就这样，在一个小时之内，3艘12000吨的英国皇家海军巡洋舰，毁于一条老式潜艇之手，造成1459名官兵阵亡，在此战之前这是人们连想都不敢想的事。

达达尼尔海峡战役
海陆配合的典范

第一次世界大战爆发后，达达尼尔海峡就吸引了德国人的关注，除了德国注意到此处外，还有英法协约国，于是这片海峡成为他们争夺的目标，双方更是陷入了一场旷日持久的争夺战之中。

达达尼尔海峡战役，又称加里波利之战，它始于英法协约国的一次海军行动。

丘吉尔发现达达尼尔海峡的重要性

时任英国海军大臣的温斯顿·丘吉尔，是首先提出达达尼尔海峡重要性的人，他提出在战争初期，英法联合舰队应该依靠舰炮火力，摧毁土耳其军海岸堡垒和要塞后扫除海峡水雷，再突入马尔马拉海登陆，最后攻占君士坦丁堡。

德国和土耳其联军布防

英法联合舰队的异动，让德国和土耳其联军统帅部闻到了火药味。他们迅速将土耳其第一、第二集团军的部队调往达达尼尔海峡地区，主要任务是在要

君士坦丁堡是土耳其最大城市伊斯坦布尔的旧名。现在则指伊斯坦布尔金角湾与马尔马拉海之间的地区。它曾经是罗马帝国、拜占庭帝国、拉丁帝国和奥斯曼帝国的首都。

▲ [纪念达达尼尔海峡战役的邮票]

塞布置足够多的炮兵，把要塞和岸边的火炮数量增加到了 199 门，还布下了数道水雷障碍，以防御英法联合舰队的入侵。另外，还在达达尼尔海峡入口两岸配置了外围炮兵连，其后区域布置了中间炮兵连，最后一道防线上部署了内防炮兵连。

英法联合舰队兵力

英法两国联合舰队共投入 62 艘战舰，以及大量辅助船只，并指定英国皇家海军地中海舰队司令萨克维尔·卡登上将负责指挥这次战役。

海陆配合　首战失败

英法海军舰队从 1915 年 2 月 19 日开始炮轰达达尼尔海峡沿岸土德联军要塞。

在达达尼尔海峡防守的土耳其军队，突然遭受英法海军舰队袭击后，纷纷丢弃阵地向内陆退防。英国突击部队随之从爱琴海迅速登陆加里波利半岛。

德军见土耳其部不敌英法联军，火速调动军队至半岛增援，并伙同土耳其军队掘壕隐蔽坚守，依据半岛复杂的地形建立了强大的防御体系。

在登陆的英军准备扩大战果时，隐蔽在阵地中的土、德士兵一起开火，把正在攀登悬崖的英军打了个措手不及，英军损失惨重。导致英法联军首轮登陆

▲ [电影《加里波利》剧照]

影片讲述从 1915 年的澳大利亚开始，两个亲如兄弟的年轻伙伴决定一起入伍，他们追逐自己的理想，在埃及训练，又来到了土耳其加里波利战场的故事。

行动宣告失败。

二次登陆　陷入僵局

在第二次登陆计划开始前，澳大利亚和新西兰军团（以下简称澳新军团）加入此战，协同英军作战，计划分别从两个不同登陆点上岸，英国军队从海丽丝岬登陆，澳新军团则在更北面靠近伽巴帖培的海滩登陆。

1915 年 4 月 25 日夜，在掩护舰队实施炮火轰炸后，英、澳新军队同时展开登陆行动。由于澳新军团士兵大多没有接受

过夜间登陆训练，再加上对半岛地形一无所知，错误地在目标以北的一个无名小湾（今澳新军团湾）登陆。另一边的英国部队在海丽丝岬遭到土耳其军队的猛烈火力攻击。英军虽然建立了滩头阵地，但登陆军根本无法把部队有效的展开，陷入了不稳固的、难以防守的立足点。

土耳其军队在穆斯塔法·凯末尔上校的指挥下，随即进行了猛烈的还击。经过一夜的混战，双方死伤惨重，已登陆的1.6万名澳新军团士兵在土耳其军队炮火的压制下，被困在临时掩体中动弹不得，接下来的时间，双方陷入了旷日持久的僵持战中。

在此次登陆战中，海、陆协同军先后有50万士兵远渡重洋来到达达尼尔海峡，其中，44 072人战死，97 037人负伤。这场战役是"一战"中最著名的战役之一，也是当时最大的一次海上登陆作战。战役计划不周、准备不足、海陆军协同不力、低估土军战斗力和未达成战役突然性等，是英法联军失败的主要原因。

协约国的战败使丘吉尔丢了官，之后丘吉尔自愿下放到法国前线的皇家苏格兰毛瑟枪团第6营当营长体验战争，但其实丘吉尔最应该去的是他魂牵梦绕的加里波利，在那里他倡导的这场"海陆军联合"奇袭登陆战并没有随着他的下台而结束，而是演变成和西线一样的战壕战。

▲ [穆斯塔法·凯末尔·阿塔土克]

凯末尔执政期间施行了一系列改革，史称"凯末尔改革"，使土耳其成为世俗国家，为土耳其的现代化奠定了良好的基础。1934年11月24日，土耳其国会向凯末尔赐予"Atatürk"一姓，在土耳其语中"Ata"就是父亲，"Atatürk"（阿塔土克）就是"土耳其人之父"之意。

▲ [加里波利半岛公墓雕像]

此公墓是为了纪念在达达尼尔海峡战役中死亡的将士，里面的公墓不仅有同盟国的，还有协约国的，此地目前开放为旅游景点。

日德兰海战

英德制海权的争夺

日德兰海战是英德双方在丹麦日德兰半岛附近北海海域爆发的一场大海战。这是第一次世界大战中最大规模的海战，也是交战双方唯一一次全面出动舰队主力决战，这次海战结束了以战列舰为主力舰的海战史。

日德兰海域位于欧洲西北部的北海东海岸，日德兰半岛和斯堪的纳维亚半岛之间的海面。1916年5月，英德两国为争夺制海权，在这片海域进行了一场空前规模的巨舰重炮大决战。

19世纪的英国皇家海军处于全盛时期，猛将众多，战舰恢宏。即便如此，德国一位48岁的普鲁士人也敢向"日不落帝国"的海军提出挑战，他就是被称为"德国海军之父"的冯·提尔波茨伯爵，他不但扩大了德国海军，而且还建造了当时最为强悍的装甲巡洋舰。

此战中德国共有99艘战舰（16艘战列舰，5艘战列巡洋舰，6艘前无畏舰，11艘轻巡洋舰，61艘鱼雷艇）参战，分为两个编队，由南向北航行。

德国海军的扩军声势震撼了英国海军部，此战中，英国舰队共有151艘战舰（28艘战列舰，9艘战列巡洋舰，8艘装甲巡洋舰，26艘轻巡洋舰，78艘驱逐舰，1艘布雷艇，1艘水上飞机母舰），也分为两个编队，由北向南航行，双方相向运动，突然相遇，生死搏斗就这样拉开了……

英国主力舰队存在数量上的优势，主将杰利科成功地运用T字头战术，充分发挥了英舰的炮火优势，而德军方面，由于战舰遮挡了射击范围，在发挥火炮

▲ [德国海军之父冯·提尔皮茨]

提尔皮茨是一个极有胆魄的人物，他不但决意为德国创建一支真正的远洋舰队，而且还希望这样一支舰队能与英国皇家海军相匹敌。德皇威廉二世对提尔皮茨的胆略和雄心十分欣赏，全力支持他的扩充计划。这种信赖是如此的深厚，以至于提尔皮茨最后获得了"永远的提尔皮茨"这样一个称呼。

▲ [德军指挥官莱因哈德·舍尔海军上将]

▲ [英军指挥官约翰·杰利科海军上将]

威力方面大大受限。战斗中英国主将杰利科带领主力舰队插入德国舰队的后方海面，切断了德国舰队与其后方基地的航路。

如果被英军封锁在基地外面，那就等于毁灭，在此情况下，被封锁在基地外的德国主力舰队指挥官舍尔海军上将，命令驱逐舰拼死一搏，从不同的方向袭击英主力舰队，双方爆发了一系列殊死的战斗。舍尔带领舰队成功冲出了英国舰队的封锁，还没等杰利科反应过来，舍尔就带领舰队摆脱了英国主力舰队的封锁，驶向威廉港。

激战过后，英国舰队损失 3 艘战列巡洋舰、3 艘装甲巡洋舰和 8 艘驱逐舰，共计 11 万吨位；德国舰队损失 1 艘前无畏舰、1 艘战列巡洋舰、4 艘轻巡洋舰和 5 艘驱逐舰，共计 6 万吨位。

马汉是美国杰出的军事理论家，曾两度担任美国海军学院院长，他在 1890—1905 年间相继完成了被后人称为马汉"海权论"三部曲的《海权对历史的影响 1660—1783》、《海权对法国革命和法帝国的影响：1793—1812》和《海权与 1812 年战争的联系》三部著作，其有关争夺海上主导权对于主宰国家乃至世界命运都会起到决定性作用的观点，更是盛行世界百余年而长久不衰。

马汉认为制海权对一国力量最为重要。海洋的主要航线能带来大量商业利益，因此必须有强大的舰队确保制海权，以及足够的商船与港口来维护此利益。马汉也强调海洋军事安全的价值，认为海洋可保护国家免于在本土交战，而制海权对战争的影响比陆军更大。

德国的战果虽然大于英国，取得了战术上的胜利，但是也被杰利科指挥的皇家海军舰队封锁在德国港口，在战争后期毫无作为，在战略上完败。成为了马汉理论中心的"只是存在的舰队"。

大西洋潜艇战

"狼群战术"

第二次世界大战中的一场旷日持久的战役——大西洋潜艇战，德英双方投入全部的海上力量，历时超过 5 年之久，成为战争史上持续时间长、程度极为复杂的一场海战。

在第二次世界大战中，德国在其空军失败、海军又没有当时的英国强大的情况下，为了扭转战局，决定要在大西洋上封锁英国，于是便派出众多数量的潜艇在海上游弋，封锁英国的海上交通运输线，艇与艇之间隔为 15 ～ 20 海里，"结群"平行搜索敌船队并实施攻击。德国称其为集结战术，而英国称德军的这种战术为狼群战术。

德国潜艇部队司令卡尔·邓尼茨是"狼群"战术的发明人，为了接受严酷的实战检验，邓尼茨指挥德国 U 形潜艇在大西洋上像"狼群"般肆虐，在此情况下盟国海上生命线一度处于接近崩溃的边缘。

这种令人窒息的被封锁状态，直到珍珠港事件之后，同盟国开始大量生产护航航空母舰和新式反潜武器（如雷达、刺猬炮、新式探照灯和深水炸弹），德国潜艇的损失开始增加，德军的狼群战术的效果也越来越差。1943 年 5 月，德指挥官邓尼兹解除潜艇的狼群战术命令，改以单艘巡弋以分散损失，但是随着同盟国反潜力量的增加，德国在大西洋潜

▲ [狼群战术的发明人——卡尔·邓尼兹]

艇战中节节败退。

大西洋潜艇战从 1939 年 9 月开始实施，至 1945 年 5 月邓尼茨签订无条件投降书后彻底结束。期间，同盟国被击沉商船 2775 艘，共约 1500 万吨位。德国投入战争的潜艇总计 1175 艘，损失了 781 艘。战争结束后，分布在世界海洋上的 203 艘德国潜艇全部被凿沉海底。碧波万顷的大西洋终于恢复了昔日的安宁。

偷袭珍珠港

奇袭美利坚

在太平洋战场上，原本日本还不愿和美国摊牌，但当美国阻碍日本获得战略物资并干预其扩张计划后，日本终于坐不住了，决定给美国一次致命的打击。

▲ [偷袭珍珠港]

轴心国是指在第二次世界大战中结成的法西斯国家联盟，成员是纳粹德国、意大利王国和日本帝国及与他们合作的一些国家和占领国。

1940 年，日本国内一致支持向东印度群岛扩张的策略，以夺取该地区的石油、锡、橡胶和奎宁这些重要的战略物资。

日本人开展了一系列的扩张行为，在此之前，为了警告美国不要干涉欧洲和亚洲的事务，日本于 1940 年 9 月和轴心国结成同盟，摆出一副"我方之事谁也不许插手"的姿态。

美国人发现了日本的意图后，国会顿时宣布中止美日贸易，并且冻结了日本在美国的所有资产。

美国人的行为令日本内阁很不安，虽然有些谨慎的内阁成员提出缓和关系的说辞，但更多人发出了"不可以妥协"的声音，日方内阁争争吵吵，结果美国再次发出声明，宣布对日本实施全面石油禁运。日本内阁这下炸开了锅，谁都知道日本的资源极其匮乏，没有了石油，这对于因扩张而陷入战争中无法在短期内抽身的日本来说，简直是致命的一击。

随后，美国又给日本发了一份备忘录，其内容是要求日本从中国撤军。否则不向日本输出石油及其他战略物资。罗斯福总统和他的顾问以为下了这一剂

猛药，日本人肯定会妥协。然而日本却在计划着更大的计划。

时任日本海军联合舰队司令长的山本五十六，接到了给美国人教训的命令，山本五十六本人并不主张对美国开战，但作为军人，首要职责就是要执行命令。山本五十六分析地图后，决定打击美国太平洋舰队的大本营——珍珠港。

珍珠港位于日美之间太平洋东部的夏威夷群岛，距日本约 3500 多海里，距美国本土约 2000 海里，是美国太平洋舰队最重要的基地。

在山本五十六的策划下，日本海军中将南云忠一指挥 6 艘航空母舰、2 艘战列舰、2 艘重巡洋舰、1 艘轻巡洋舰、9 艘驱逐舰、3 艘潜艇和 8 艘油船组成突击编队，利用 104 架舰载水平轰炸机、135 架舰载俯冲轰炸机、40 架舰载鱼雷机和 81 架舰载战斗机对美军太平洋舰队的珍珠港基地进行突然袭击。

整个行动持续了约 2 小时，日军共发射鱼雷 40 枚，投掷各种炸弹 556 枚，共计 144 吨，以死伤 200 人、损失飞机 9 架、潜艇 5 艘的微小代价，炸沉、炸伤美军各种舰船 21 艘，其中战列舰 8 艘、巡洋舰 3 艘、驱逐舰 3 艘，约占在港大型舰艇总数的 50%；击毁美军飞机 311 架，约占飞机总数的 70%；美军死伤 3681 人之多。美国太平洋舰队只有 4 艘航空母舰和其他 22 艘舰船因执行任务不在港内而逃脱厄运。美国夏威夷最高指挥官沃尔特·肖特向整个太平洋舰队和华盛顿

▲ [偷袭珍珠港纪念邮票]

美国海军"亚利桑那"号战列舰以及主持偷袭行动的日本海军"赤城"号航空母舰。

▲ [偷袭珍珠港纪念锚]

这个巨大的铁锚雕塑，是美国为了纪念在 1941 年 12 月 7 日日本偷袭珍珠港，造成美国将士重大伤亡而设立的。

报告："与日本的战斗，由日本袭击珍珠港而正式开始。"

日军偷袭珍珠港标志着太平洋战争的爆发和太平洋战场的开辟，第二次世界大战达到了最大规模。珍珠港事件之后，美国上下一致决定参加"二战"，后来决定在日本投放两颗原子弹，其中不乏美国要报日本偷袭珍珠港的一箭之仇的意思。

抢占纳尔维克

驱逐舰初露头角

1939年9月，第二次世界大战全面爆发后，挪威和瑞典这两个北欧国家保持中立。德国为防止英国突袭瑞典耶利瓦勒，断绝德国铁矿石供应，同时打破挪威的中立现状，突袭了挪威的纳尔维克港，同盟国不甘示弱，与德军在此展开绞杀。

纳尔维克港位于挪威海边乌夫特峡湾的东南岸，距瑞典边境只有30多千米，是挪威在北极圈内最大的港口城市，也是瑞典、芬兰北部重要的出海口。此港终年不冻，即使在冬季也能通航。

在1940年4月9日至6月8日期间，为了争夺这个港口城市，以英国为首的同盟国军与德军在此爆发了异常激烈的战争。

德国抢占港口

1940年4月9日凌晨4时，9艘德国军舰沿着赫简斯峡湾迫近纳尔维克，一艘驱逐舰留在峡湾入口处负责警卫，两艘战斗巡洋舰在马沙尔海军上将的率领下继续向北巡航。这里已经接近北极圈，浓雾弥漫中，英国战列巡洋舰"声望"号突然出现，德国的战列巡洋舰立即迎上前去，双方在风雪中进行了一场短促的激战，"声望"号被命中2发炮弹，但都是哑弹，"声望"号的356毫米主炮也3次击中"格奈森瑙"号，造成了一些损伤，越来越大的暴风雪令双方都感到头痛，德国军舰随即消失在暴风雪中。

[纳尔维克盾章]

纳尔维克盾章是德国军队发行的第一个战役盾章，是高级别的奖章，授予参加挪威纳尔维克港攻防战的海军、空军和陆军的军官和士兵。

几乎在同一时刻，德国海军准将邦迪率领剩下的驱逐舰冲进了纳尔维克，2艘挪威岸防装甲舰"艾德兹伏尔德"号、"挪奇"号向德国人发出警告，狡猾的邦迪一面假装谈判，一面却突然发射鱼雷把"艾德兹伏尔德"号击沉，"挪奇"号见状立即开火还击，击伤了2艘德国驱逐舰后也很快被击沉，由于当地驻军司令是吉斯林分子，德国人在登陆时没有受到任何阻挠，顺利占领了纳尔维克港口。

▲ [沃尔伯顿·李上校]

▲ [德国橡叶骑士十字勋章]

第一次纳尔维克港抢夺战

德军占领纳尔维克港的消息传来后，英国海军部命令第 2 驱逐舰大队立即消灭德国舰队，夺回纳尔维克港，虽然情况不明，但沃尔伯顿·李海军上校决定执行命令，并拟于 4 月 10 日晨杀入纳尔维克港。

4 月 9 日夜间，纳尔维克港外浓雾弥漫、风雪交加，能见度不足 400 米，沃尔伯顿·李的 5 艘驱逐舰小心翼翼地驶入了韦斯特峡湾，他以旗舰"勇敢"号为先锋，"猎人"号、"哈沃克"号、"霍特斯珀"号和"敌忾"号随后跟进。在巧妙地躲过了 4 艘 U 型潜艇布设的警戒线后，英国人冲进了港内。"霍特斯珀"号和"敌忾"号负责压制岸炮，其余 3 艘直扑毫无准备的德国驱逐舰，梦乡中的德国人受到了突然袭击。"勇敢"号连发 3 枚鱼雷攻击了停在最外面的"威廉·海德坎普"号，接着又向港口设施发射了 4 条鱼雷，同时还以舰艏的 120 毫米火炮猛轰"威廉·海德坎普"号，1 发炮弹直接命中后者的舰桥，正在那里指挥战斗的邦迪当即殒命，其他人员非死即伤，在震天的爆炸声中，"威廉·海德坎普"号沉没了。

德国人被突如其来的攻击打得晕头转向，在失去指挥的情况下，只能以零乱的射击仓促应战，英国人则在烟幕掩护下顺利撤至港外。稍事休整后，沃尔伯顿·李再率 5 艘驱逐舰冲入港口，这次停在港内的德国商船成了他们的目标，

6 艘商船相继被击沉，港口混乱不堪，到处一片火海，不到一个小时，英国人就取得了完全胜利。

可是，正当沃尔伯顿·李海军上校决定撤退时，情况突然发生了变化，3 艘从赫简斯峡湾赶来增援的德国驱逐舰出现了，他们决心为自己的司令官复仇。久战疲惫的英国人且战且退，但当他们驶到巴兰根峡湾时，另外 2 艘德国驱逐舰露面了，在贝伊上校的指挥下，"勇敢"号被击沉，沃尔伯顿·李海军上校当即

阵亡（被追授维多利亚十字勋章，他是"二战"中最先获得此荣誉的英军军人），剩下的英舰在"哈沃克"号的掩护下，总算撤到港外。2 艘德国潜艇企图拦截逃跑的英国人，但是连续发射的几枚鱼雷都失去准头打在附近的岩石上，只好眼睁睁地看着英国人离去。

第二次纳尔维克港抢夺战

沃尔伯顿·李阵亡后，英国人自然不会罢休，而且德国人在纳尔维克港没有大型舰艇的

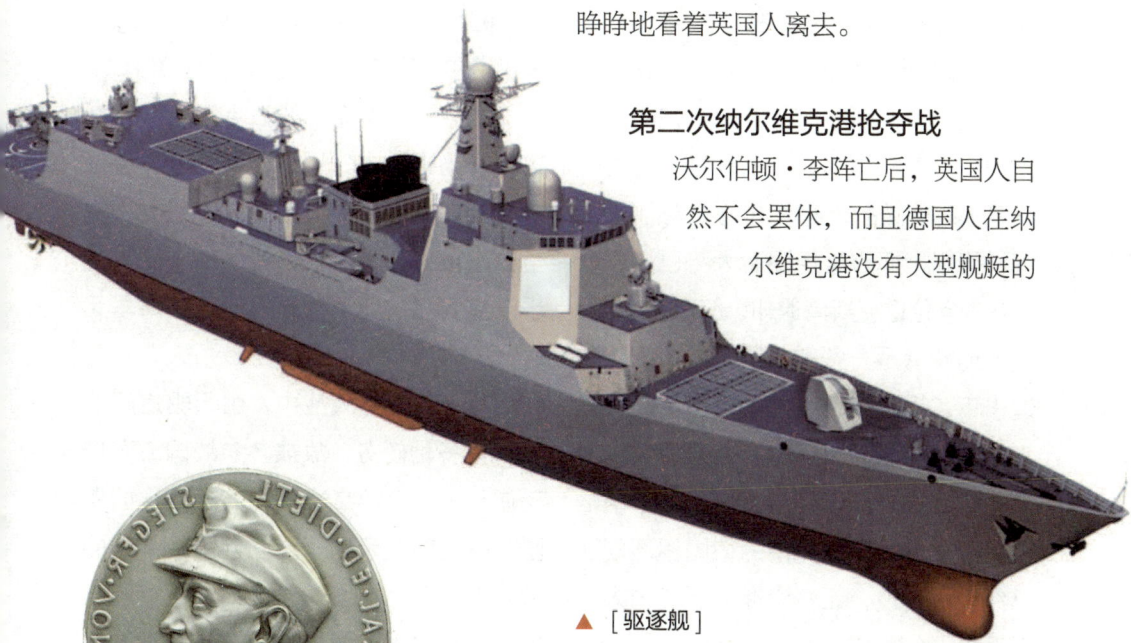

▲ [纳尔维克战役中陆军指挥官——爱德华·迪特尔]

爱德华·迪特尔，德国山地步兵大将，1940 年 4 月 10 日起率领山地师在挪威纳尔维克作战，首获橡叶骑士十字勋章，晋升中将。

▲ [驱逐舰]

驱逐舰是一种多用途的军舰，19 世纪 90 年代至今海军重要的舰种之一，现代驱逐舰装备有防空、反潜、对海等多种武器，既能在海军舰艇编队担任进攻性的突击任务，又能承担作战编队的防空、反潜护卫任务，还可在登陆、反登陆作战中担任支援兵力，以及担任巡逻、警戒、侦察、海上封锁和海上救援等任务。它是海军舰队中突击力较强的中型军舰之一，主要职责以护航为核心，同时拥有侦察巡逻警戒、布雷、袭击岸上目标等。广泛的作战性能使得驱逐舰成为现代海军舰艇中用途最广的舰艇。

事实已经暴露，于是惠特沃斯海军中将决定立即展开反击。4月13日清晨，由"厌战"号战列舰和9艘驱逐舰组成的一支英国舰队驶抵纳尔维克港，纳尔维克笼罩在一片细雨之中，能见度只有6海里，惠特沃斯以"伊卡洛斯"号驱逐舰为先锋，其他舰艇鱼贯而行，"厌战"号殿后，冲入港口。

"伊卡洛斯"号和德军的"赫尔曼·库纳"号在第一时间互相发现，"赫尔曼·库纳"号一边发出警报，一边迅速后撤，但其他英舰相继投入战斗。

"赫尔曼·库纳"号很快被击伤，只好自沉于赫简斯峡湾，英国人在隆隆的炮声中沿着峡湾继续向前推进，经过一个多小时的激战，德军10艘驱逐舰被击沉，德军指挥官贝伊眼看大势已去，命令各舰向伦巴克斯湾退却，但这条全长9千米的峡湾是一条死胡同，在英国人的追击下，德国人纷纷把舰艇凿沉，弃船上岸，与德国陆军爱德华·迪特尔的军队会合后逃走了。到当天傍晚，曾经浩浩荡荡开进纳尔维克港的德国驱逐舰队已经全军覆没，无一幸存，而英国人几乎没有什么损失。

英军撤离

由于英国的盟军法国在其他战场接连失利，使得英军担心没有盟军的支持会腹背受敌，因而无心恋战，于同年6月3日开始撤离纳尔维克港。

6月8日，在英军撤退行动的最后一天，英国皇家海军的航母"光荣"号和护卫它的驱逐舰"阿卡斯塔"号和"热心"号因油料问题远离其他舰单独先行撤退回英国，在途中遭遇了装备有28厘米大炮的德军战斗巡洋舰"格奈森瑙"号和"沙恩霍斯特"号。英军3艘军舰很快被击沉了，1515名英军官兵阵亡。撤退时搭载到"光荣"号航母上的第46和第263中队的飞机也都沉没了。但是在沉没前，"阿卡斯塔"号用鱼雷击中了"沙恩霍斯特"号。

6月9日，迪特尔指挥德军第二次占领了纳尔维克港。

虽然纳尔维克之战后英国人最后撤离了，德国人占领了维尔纳克港，但是对德国海军来说损失惨重，10艘驱逐舰全被击沉了，除了在维修中的，德军几乎没有可用的驱逐舰了，使德国海军元气大伤。

第二次世界大战中，由于驱逐舰能够执行多种任务，故被各参战国海军广泛使用。通过第二次世界大战战火的考验，驱逐舰显示出了比任何军舰都强的适应性，到"二战"结束时，驱逐舰已成为一种成熟的并深受海军官兵欢迎的舰种，被人们誉为"海战王牌""三头六臂的海上多面手"。驱逐舰获得了比其他大、中型军舰更快的发展。除了航空母舰和潜艇外，各国海军重点发展的军舰就是驱逐舰，一些经济实力较弱的国家，更是以驱逐舰作为本国海军发展的重中之重。

意大利人鱼雷战

海战舞台上的奇迹

意大利依靠看起来落后的人鱼雷，袭击了几艘英国舰船，引起了各国海军的注意，人鱼雷从此走上海战舞台。

"凯旋车"人鱼雷是一种大型人鱼雷，其艇长6.7米，直径1米，排水量1.5吨，由双人操纵，头部是一个可装卸的雷头，内装炸药272千克。操作时，由人身穿潜水衣驾着它在海下航行，手工投掷炸药，进行水下攻击。

在1941年9月的一个夜晚，意大利海军的"赛莱"号潜艇在艇长裘尼奥·保吉斯亲王的指挥下，搭载一批"人鱼雷"驾驶员，驶往1300千米之外的英国港口。

当它驶入喀地滋海湾后，标志着直布罗陀海面之下秘密的"人鱼雷"作战从这时开始了。

▲ [人鱼雷外形]
1941—1942年，意大利海军使用"人鱼雷"在直布罗陀海峡一带从事破坏活动，多次重创英国等盟国舰船。

"人鱼雷"是指微型潜艇，又称袖珍潜艇。此艇体呈圆柱形，形状像一枚鱼雷，可携带炸药，由于它用人力操纵，所以称它"人鱼雷"。

意大利人把这种鱼雷叫作"猪"，因为它的样子像一头正在游泳的猪，而且容易听人摆布。

"赛莱"号潜艇驶到目标位置，这里距英国的港口只有6千米。利西奥·维辛梯尼和其他5个鱼雷操纵手，穿戴好潜水装置，每两人携带一枚"凯旋车"人鱼雷，当操纵人员骑上鱼雷，拉开发射控制杆后，攻击便开始了。

利西奥·维辛梯尼操纵鱼雷来到了直布罗陀港外。他把鱼雷的弹头系在英军油船底下，完成后便迅速撤离了。另外两人也依次在英货船上系好炸弹，在他们迅速撤离之后，港内传来了轰隆隆

的爆炸声，滚滚浓烟直插云天，英国"邓经达尔"号油船的主龙骨被炸毁；不久之后，英国货船"杜兰姆"号和油船"费俄那西尔"号也相继发生了爆炸。

1941 年 12 月，意大利海军又组织了一次"人鱼雷"攻击，使得亚历山大港内的 3 艘英国舰船被意大利的 3 艘"凯旋车"微型潜艇所击沉。

1941—1942 年间，意大利海军就这样用"人鱼雷"在直布罗陀海峡一带从事破坏活动，多次重创英国等盟国舰船。

意大利"人鱼雷"袭击，虽然是小规模的袭击战，但是却改变了地中海地区的军事形势，"人鱼雷"操作手也创造了海战史奇迹。使得英国海军和盟国舰队不敢肆意妄为。这种小规模的海战，总是以零伤亡的代价获胜，所以在海战史上是不可小觑的。

意大利由于当时经济力量薄弱，专门发展这种鱼雷，胜利更加让他们尝到了甜头，此后，意大利创新"人鱼雷"的动力就更加强劲了。

对鱼雷来说，采用核装药可明显提高对目标的破坏效果，水下核爆时，在爆炸中心区可产生数百万摄氏度的高温和上百万大气压的高压，再加上水的不可压缩性，对舰船的摧毁效果比空爆还大，无需直接命中，只要在一定距离内引爆，就能摧毁想要摧毁的一切舰船。

此外，核鱼雷的面杀伤能力还非常适合用来攻击以航母编队为代表的战斗舰艇编队和护航运输编队。不管什么编队，挨上一发核鱼雷，就算船没沉，龙骨也基本废了，而且船上的人员基本活不下来。这种无差别攻击的打击手段简直无解，只能是你有我也有，确保相互威慑。

1940 年 8 月和 9 月意大利曾组织过两次"人鱼雷"袭击，但在防御体系周密完善的亚历山大港，袭击未达到预期的效果。

意大利海军"人鱼雷"的出色战绩和作战效能，引起各国海军的重视，英国、德国和日本都相继组建了专门从事水下奇袭的"人鱼雷"或袖珍潜艇部队。而作为"人鱼雷"的开山鼻祖，意大利海军更是将其进一步发扬光大，1942 年意大利的第 10MAS 部队更是活跃异常，在地中海先后炸沉同盟国运输船 10 余艘，总吨位近 5 万吨，甚至还计划用远洋潜艇携带"猪猡"远程奔袭美国纽约。

夜袭塔兰托

走向航母时代

塔兰托袭击战是"二战"期间的一次重要战役。1940年英国海军地中海舰队为夺取地中海制海权，以航空母舰舰载机奇袭意大利海军基地塔兰托，取得重大胜利。

1940年，英国海军为了提升自己在地中海战区的影响力，决定打击意大利舰队的有生力量。为此，英军坎宁安上将决定利用舰载机，向塔兰托港进行空袭。塔兰托位于意大利靴形半岛的后跟部，分为海外港格兰德和较小内港皮克洛，此处港面宽阔，是意大利最大的海军基地。为了达到空袭的目的，英国海军安排了一系列迷惑意海军的行动，分散了意大利海军的注意力，使他们加紧了对地中海西部的巡逻。

英军的攻击舰队于1940年11月6日下午从亚历山大港出航，"光辉"号载舰机航母在4艘巡洋舰和4艘驱逐舰护卫下，离开战列舰主力编队，开往攻击位置。到了19时，"光辉"号在距离塔兰托170海里位置准备就绪。

夜晚的第一波攻击

第一波攻击在19时30分开始，英军12架"剑鱼"飞机在指挥官威廉森海军少校率领下，组成4个箭形小队，从"光辉"号航母起飞后冲进港口。

▼ ["光辉"号载舰机航母]

舰载机是顺应航空母舰的诞生而发展起来的，它是一种以航空母舰为依托，或以其他军舰为基地，对敌军实施空中、水面、水下和地面目标打击的海上飞机。在海上战场，舰载机还能承担预警、侦察、巡逻、护航、布雷、扫雷、补给、救护和垂直登陆等任务，它的出现使飞机在海战中所能发挥的作用越来越大。

1939年，安德鲁·坎宁安被任命为地中海舰队司令，上任后他便开始针对地中海的僵局制订作战计划，试图改变舰队内部拖沓的工作作风，并展开对意大利舰队的一系列打击。夜袭塔兰托正是他制订的作战计划。

坎宁安海军生涯中最伟大的成就是策划并发动了对意大利军港塔兰托的偷袭，给予了意大利舰队沉重的打击，使意大利海军再也无力争霸地中海。为了奖赏他的出色表现，英国女王先后于1939年和1945年授予他二等巴斯爵士和蓟叶骑士称号。

在此次海战中，坎宁安充分发挥了舰载机的优势，让舰载机借助航空母舰强大的续航力，对塔兰托港内的舰队进行了轰击。舰载机成为此战中的最大功臣。在第二次世界大战中，舰载机大显神威，除了在此战中获得胜利，还在珍珠港、珊瑚海、中途岛等多次海战中建功立业。第二次世界大战后，随着超音速喷气飞机和核动力航空母舰的问世，使舰载机的应用范围继续扩大。

此时港口内意军探照灯的红、黄光柱将港口照射得像喷发的火山。这种光不利于飞机轰炸的准确性确定，于是英2架"剑鱼"飞机投下照明弹，将港口照亮如白昼，随之"剑鱼"飞机轰炸了油库。飞机群穿过弹雨，冲向停泊在格兰德港内的意大利战列舰。

英军飞机群领队威廉森少校率先投下的鱼雷命中了意大利"加富尔"号，不幸的是，他的飞机在向右向爬升时被意大利要塞炮弹击中，飞机坠毁，威廉森身亡。

随后，英军另一个机组投下的鱼雷有2枚击中"利托里奥"号。还有4架"剑鱼"机攻击了皮克洛港内的军舰和水上飞机基地。

在航空母舰出现之前，若要攻击港内的舰队，需要派出数量庞大的机群，在附近海域至少还要有机场和供应燃料的基地。如果攻击目标距离机场太远，这样的空中打击承担的风险就更大，即便空袭顺利，返回机场的过程中，被击中或迫降在海上的概率也会增大。然而航空母舰强大的续航能力，使用舰载机发动攻击，在主力战舰不需要面对面的情况下，就能对港内的敌舰造成沉重打击。同时因为有了航空母舰，舰载机可以在实施一拨空袭过后回到母舰上加载炮弹和燃料，然后继续奔赴目标地点展开轰击。只要敌舰被控制在接连不断的炮火中无法动弹，无法驶出港外，母舰和其他战舰根本不会受到任何损伤。在此战中，坎宁安派出的不是当时最精锐的战机，但即使如此，此战术所发挥的绝对优势弥补了英国舰队的其他弱势，成功突袭塔兰托，给予了意大利海军沉重的打击。

第二波攻击

第二突击波的 9 架"剑鱼"飞机在 21 时 20 分起飞，由于一架在起飞时撞坏，另一架起飞不久后副油箱脱落而返航，指挥官司黑尔少校只能率 7 架"剑鱼"机发起攻击，开始由 2 架"剑鱼"机以 15 秒间隔，在塔兰托港的上空共投下 22 枚照明弹，随后 5 架"剑鱼"机在照明弹的帮助下连续投放鱼雷攻击意大利战舰群，它们炸毁了意大利巡洋舰"塔兰托"号。

空袭持续了 1 个多小时，最后一架"剑鱼"飞机才返回"光辉"号。这次突袭击沉意大利战列舰 1 艘，重创 2 艘；击伤意大利巡洋舰及辅助舰各 2 艘，英军只损失 2 架飞机。

英军在塔兰托战役取得了重大战果，这次战役改变了"二战"初期英、意两国在地中海的海军力量对比，使得英军取得了在地中海周边区域的战略优势。

塔兰托战役证明了大型水面舰艇在优势海空力量的打击下，显得多么的脆弱。从某种程度上说，它改变了现代海战的作战模式，初步奠定了航空母舰在现代海战中的主导地位。

这一战役是航空母舰舰载机问世以来首次大规模袭击港内舰艇，突出显示了舰载航空兵的巨大突击威力，成为 1 年以后日本海军袭击珍珠港的预演，使航空母舰取代战列舰成为海军主要舰种，迎来了在海上实施海空一体作战的新时期，使"巨舰大炮、舰队决战"的海战模式成为历史，在世界海战史上占有重要地位。

▲ [塔兰托战役纪念邮票——"光辉"号航空母舰]

▲ [塔兰托战役纪念邮票——"剑鱼"式鱼雷轰炸机]

▲ [塔兰托战役纪念邮票——英国皇家海军陆战队]

▲ [塔兰托战役纪念邮票——RM 孔蒂迪凯沃尔]

马塔潘角海战

闪光计划

图说海洋

影响历史的著名海战

1941年3月，英、意两国为争夺地中海的制海权和出海口，在马塔潘角海域展开了一场在第二次世界大战期间最大规模的夜间大海战。英国在这场战役中力挫了德国和意大利的战略意图，英国舰队控制和封锁了意大利出海东进的大门。

自1941年3月25日以后，意大利逐步加强了对英国地中海舰队，特别是亚历山大港的侦察活动。与此同时，英国海军上将坎宁安接到了潜艇发来的报告，得知意大利舰队已经出航，于是他立即命令加强空中侦察。3月27日，坎宁安收到水上飞机发来的报告："敌军1艘驱逐舰出现在西西里岛东端以东80海里海域，正向克里特岛驶去……"

敌人来得如此之快，使坎宁安大吃一惊，他果断命令正在海上航行的运输船队天黑前继续前行，天黑后按原路返回。同时命令从比雷埃夫斯港向南开进的运输船行期取消，天黑以前，战列舰在港内集结待命。

坎宁安的这一举措果然迷惑了敌人。意大利人想当然地认为：英军还蒙在鼓里，丝毫不怀疑有什么事情要发生。然而，在这一系列假象下面，一场大规模的"闪光计划"的战役准备，正在悄悄地进行。英国人正在巧施"明修栈道，暗度陈仓"之计。

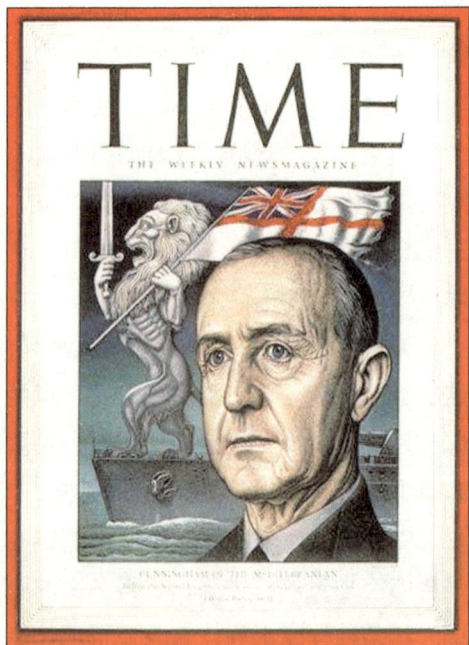

▲ [《时代》杂志上的安德鲁·坎宁安]

指挥英国地中海舰队的是海军上将安德鲁·坎宁安爵士。这位在英国海军中被称为伟大的领导者"ABC"的海军上将，对夺取和保持地中海的制海权抱有十足的信心。他一方面下决心守住马耳他岛，一方面准备采取积极的作战行动，寻机痛歼意大利海军。

互设陷阱

3 月 28 日早上，英、意两支分舰队在地中海海域相遇，英军分舰队指挥官威佩尔心里很清楚，对方巡洋舰上炮的射程和舰艇航行速度都远远超过自己，因此当即决定将意军舰队引向在东南 100 海里处的坎宁安舰队主力。

意大利分舰队指挥官桑森尼蒂中将指挥舰船，对英军分舰队穷追不舍，双方的距离不断缩小，意巡洋舰上的 20 厘米大炮开火了，揭开了这场遭遇战的序幕。

英舰继续逃跑，意军经过 40 分钟的追击后，突然停止了追踪并改变了航向，此举令英舰疑惑不解，经过慎重的考虑之后，威佩尔调头追踪意军，威佩尔不知道的是，这正是意军为英军设下的圈套。

本来谨慎的意军看到一支分舰队独自航行，就怀疑是英军的诱饵，当看到英舰反过来追击自己时，意大利人已经完全明白了。

意英主力舰队上演追逐大戏

威佩尔发现舰队进入了意大利军舰的伏击圈，见势不妙，立即掉转航向全速撤去。但是很快，意大利军舰一排排炮弹就打了过来，形势越来越危急，为了避免被意大利军舰合围，威佩尔下令：施放烟幕，全速撤离。英舰借助风向，奋力逃跑，但意军并未放弃追赶。

眼看就要被意大利军舰追上，英军

这场战役的失败很大程度上要归结于德国空军的出尔反尔，同时，轴心国情报部门也出现失误，意大利人错误报告英国地中海舰队只有 1 艘可供作战的战列舰，事实上英国地中海舰队有 3 艘战列舰，而之前受伤的航空母舰也由 1 艘全新的航空母舰来代替。

▲ [意大利海军上将——安吉洛·伊亚金诺]
他是意大利海军总司令，马塔潘角海战意舰队指挥官，德军没有对意军做航空护航，使伊亚金诺的部署被打乱，只得仓促应战，结果意海军大败，可以说是被英国海军"屠杀"。

的援军赶到了，8 架鱼雷机抵临上空，奉海军上将坎宁安的命令向意军发射了几枚鱼雷，虽然并未打中意舰，但也令意军心有余悸，遂停止追击，全舰返航。

此时剧情又反转了，英主力舰队指挥官坎宁安下令追击意军主力舰队。海面上上演英意主力舰大追逐。英舰要想追上意舰并不容易，坎宁安一面不断派出飞机侦察，一面派出飞机袭击敌舰。

马塔潘角夜战打响

英军的空中轰炸机令意军难以招架，晚上9时，意大利海军上将安吉吉洛·伊亚金诺在马塔潘角海域下令舰队改变航线快速行驶，企图通过队形的机动变化，摆脱英国人或打乱他们的进攻计划。几分钟后，英军飞机借着夜幕再次迅速扑向目标。

随着英军飞机的空中打击，意军舰队主力"波拉"号巡洋舰中弹，完全失去了机动能力，伊亚金诺忙乱中迅速整编剩余兵力，但他没想到的是，英军的大炮此时正瞄准着他的舰队。

夜幕下，英两艘驱逐舰上的强大光柱交叉锁住了意军"阜姆"号，几乎在这同一瞬间，3艘战列舰的24门381毫米巨炮和所有舰上的中、小口径炮一齐开火。如此近的距离，如此突然的打击，如此整齐的炮声，"阜姆"号根本来不及反应，瞬间被敲成一堆废铁，沉入海底。之前受伤的"波拉"号和两艘驱逐舰也被英军的炮弹撕成了碎片，沉入海底。

从马塔潘角夜战开始到结束，英军仅仅用了3分钟的炮火，与其"闪光计划"名称一样，意大利军一败涂地。

在马塔潘角战败后，意大利舰队不敢再进入地中海东部，虽然德国空军保证提供空中掩护，但意大利海军高层已失去信心。因此，马塔潘角海战对反法西斯盟军来说是战略上的重大胜利。

▲ ［马塔潘角海战——鱼雷攻击机］

强击机是作战飞机的一种，主要用于从低空、超低空突击敌战术或浅近战役纵深内的目标，直接支援地面部队作战。

缺乏雷达装备和空中掩护的意大利舰队遭到了重大损失，损失1.15万吨级的重型巡洋舰3艘，驱逐舰2艘，重型战列舰1艘，阵亡官兵3000余名；而英军仅损失鱼雷飞机1架，伤战列舰2艘。至此，意大利已无力再进行大规模的海战。

第一次世界大战结束后，英国人就敏锐地认识到，夜战将是未来海战的一种重要形式。因此，在两次世界大战之间，英国舰队进行了非常认真全面的夜战演习训练，并且成功地解决了许多与夜战有关的棘手的技术问题，为即将到来的夜战做好了装备上的准备。

▲ ［马塔潘角海战——被击中的意大利舰船］

海空围歼超级战舰

击沉"俾斯麦"号

"俾斯麦"号战列舰是第二次世界大战中纳粹德国海军主力水面作战舰艇之一，是第二次世界大战时德国所建造的火力最强的战列舰，此战是爆发于德国海军和英国海军之间的海战。

第二次世界大战爆发后，浩瀚的大西洋成了德国和反法西斯同盟军残酷厮杀的战场。德军海上袭击舰采用伪装、欺骗、东游西击等灵活战术，取得了一些战果。他们时而埋伏在挪威海域数不清的岛屿后面；时而出没于波涛汹涌的北大西洋，伺机干掉盟国护航运输船队。

1941年5月，德军海军为了取得更大的战果，指挥官雷德尔决定，把重型舰艇投入到袭击商船的破坏战中去。除了派出"沙恩霍斯特"号等重型战舰外，雷德尔还拿出了最大的赌注，押上了世界上最强大的超级战列舰"俾斯麦"号，作战的行动代号叫"莱茵演习"。

"莱茵演习"行动的重点是想用两支强大的德国舰队夹击北大西洋盟军海运线。将"俾斯麦"号和"欧根亲王"号部署在北方；"沙恩霍斯特"号、"格来森诺"号部署在南方。对于这样钳子般的德军舰队阵形，没有哪支单独的英国舰队敢和它们对抗，也就意味着"莱茵演习"成功之时，就是英国生命线——北大西洋航线被切断之日。

可惜这把钳子还未使用就被打残了。

"俾斯麦"号全长242米，宽36米，排水量4.17万吨；最大航速30节，续航距离1.5万海里；侧舷和炮塔装甲320～360毫米；火力极为可怕，除8门381毫米巨炮外，还有12门152毫米炮和44门高射炮、8个鱼雷发射管和6架水上飞机。

▲ ["俾斯麦"号战列舰水下残骸]

"俾斯麦"号的残骸位于爱尔兰的科克以南大约610千米，大西洋底4572米左右的地方。尽管在海战中英国军队猛烈的炮火和鱼雷对船体造成了很大的损毁，船只的沉没也对其造成了明显的破坏，令人吃惊的是，沉船的残骸仍然保持着良好的状态。

停在布勒斯特港候命的"沙恩霍斯特"号和"格奈森诺"号不断遭到英国飞机的空袭，舰体损坏，难以出航，"欧根亲王"号也因躲让空袭触了水雷。"莱茵演习"被再三推迟，北方舰队"俾斯麦"号看到已经无其他舰队配合行动，只能靠"俾斯麦"号自己来完成演习，就让智勇双全的吕特晏斯将军指挥此次行动。

▲ [英国约翰·托维海军上将]

5月18日，"俾斯麦"号离开港口开往北冰洋，但它刚一离港，就被英军盯住了。

英国皇家海军舰队司令约翰·托维海军上将在旗舰"英王乔治五世"号上亲自指挥战斗。考虑到德军"俾斯麦"号的强大，英国海军把从直布罗陀到斯卡帕弗洛内所有的战列舰、航空母舰和其他重型水面舰艇都调去堵截它。

由于北海被英国人封锁，为了进入大西洋，"俾斯麦"号指挥官吕特晏斯只能将舰艇驶入丹麦海峡水路，企图从这里进入大西洋。

5月24日，在丹麦海峡上德国"俾斯麦"号与英国皇家海军遭遇了。在战斗中，巨大的"俾斯麦"号呼啸着炮弹，向英众舰砸去，"俾斯麦"号这头巨兽发出的炮弹使得好几条英舰伤痕累累，所幸的是英国皇家海军"威尔士亲王"号在

◀ ["俾斯麦"号战列舰指挥官吕特晏斯]

吕特晏斯是"二战"德军最杰出的水面舰艇指挥官，曾参加日德兰海战，1941年在特加特海峡和卑尔根附近海域，击沉英国"胡德"号战列巡洋舰，后屡遭英国舰艇追寻围歼，5月27日，随着"俾斯麦"号的沉船，吕特晏斯毙命。

被击中的同时发出的两发炮弹也击中了"俾斯麦"号，其中1发不偏不倚正好击穿了它的燃油舱，造成燃油大量泄漏。"俾斯麦"号指挥官吕特晏斯上将下令舰船驶往法国的布勒斯特港补充油料。

托维命令英海军不惜一切代价，一定要击沉这艘凶恶无比的纳粹战舰。英国大西洋周边海域的各类战舰纷纷聚拢，它们得到的命令是："追击、追击、再追击。"

其后英国人差点失去了"俾斯麦"号的踪影，但吕特晏斯以为英军知道他在哪里，所以向本土发了电报，该电报被英军截获，使英情报部门在距布勒斯特港690海里处再次发现了"俾斯麦"号。英国皇家海军舰队一哄而上，全部赶到了"俾斯麦"号前方约100海里处，切断了"俾斯麦"号的去路。英舰队包括战斗巡洋舰"荣誉"号、航空母舰"皇家方舟"号、巡洋舰"谢菲尔德"号和6艘驱逐舰。其中"皇家方舟"号是英国最大的航空母舰，排水量2.3万吨，可载机70架。

5月26日，在"皇家方舟"号航母

▲ ["剑鱼"式鱼雷轰炸机]

击沉"俾斯麦"号的正是这种轰炸机。"剑鱼"式的主武器是鱼雷，由于它是慢速的双翼飞机，在攻击时需要一段较长的直线路径用于俯冲投射鱼雷，这使它很难准确地攻击到防空火力强以及速度快的军舰。在歼灭"俾斯麦"号以后，"剑鱼"式轰炸机的问题逐渐暴露。尤其在 1942 年 2 月，德国进行了"雷霆·瑟布鲁斯"行动，英国海军为了将大西洋上的 3 艘大型水面战舰穿越英吉利海峡调回威廉港，派出了大量"剑鱼"式飞机，但其战绩极为糟糕，因为鱼雷没有一枚命中目标，而且大多数飞机被击落或重伤。

"剑鱼"式飞机从 1944 年开始被淘汰，战争时期这种机型一共制造近 2400 架。1945 年 5 月 21 日，在德国投降之后，最后一个"剑鱼"轰炸机中队解散，最后一个训练中队则到 1946 年夏季才正式解散，至此"剑鱼"式鱼雷轰炸机完全退出战争舞台。

上的"剑鱼"式飞机猛烈的攻击下，"俾斯麦"号被鱼雷击中了舰尾，炸坏了螺旋桨和船舵，"俾斯麦"号指挥官吕特晏斯知道"俾斯麦"号无法逃脱了。当天夜里，他以"莱茵演习"舰队司令的名义，向柏林发了诀别电："船已无法操纵，会战至最后一颗炮弹。"希特勒的回电是："战列舰'俾斯麦'号的全体将士们，全德国与你们同在。拿出你们坚决的勇气来，把能做的尽力而为。你们只要能恪尽职守，一定能激励为德国生存而战的德国国民。"

随后，英舰队数千发炮弹雨点般地向"俾斯麦"号砸去，火光中不时传来爆炸声。1941 年 5 月 27 日 10 时 36 分，这艘被称为"德国海军的骄傲"的庞然大物，翻转着沉入波涛滚滚的大海，包括吕特晏斯在内的 2200 名官兵，除 113 人被救活外，其余全部随舰战死。而"俾斯麦"号在短短几日内也击沉了英国海军的"胡德"号战列巡洋舰，重伤"威尔士亲王"号战列舰。

此刻，"俾斯麦"号离布勒斯特港仅有 400 海里，还不到一天的航程。

这场在冰冷的北大西洋上展开的规模空前的海上追歼战，英国"剑鱼"式鱼雷轰炸机立下了赫赫战功，海战正式进入了飞机、军舰多军兵种协同作战的阶段。

▲ [英国海军"威尔士亲王"号战列舰舰桥中弹冒起浓烟的景象]

▲ [被击沉的"俾斯麦"号]

瓜岛争夺战

东所罗门海空激战

瓜达尔卡纳尔岛是所罗门第二大岛，日本人将防御放在了此岛，同时美国人也将瓜岛作为志在必得的目标，这注定是在南太平洋战场上的一场惨烈战争。

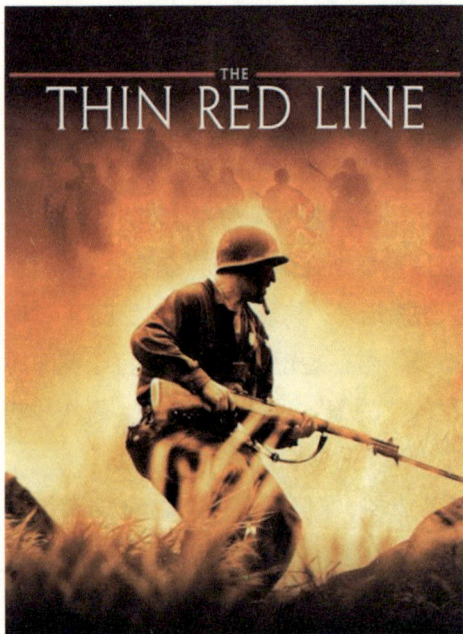

▲ [《细细的红线》电影剧照]

瓜岛战役对于美军来说也是一场非常值得纪念的战役，对于以美军为主的盟军来说，心理上的胜利如同军事上的胜利同样重要。《细细的红线》根据美国作家詹姆斯·琼斯的同名小说改编，以瓜岛战役为背景，以一种貌似松散、混乱的叙事来完成故事。导演泰伦斯·马力克透过一场胜得艰苦的战役，对"战争"和"死亡"发出天问式的疑惑。

瓜岛全称瓜达尔卡纳尔岛，是所罗门群岛第二大岛，第一次世界大战时隶属于美国，后来太平洋战争爆发，日军占领了瓜岛。由于它是澳大利亚的门户，并且地理位置靠近日本，对于美国来说，它是攻打日本的一个绝佳跳板。

日、美瓜岛争夺计划

美国方面：正打算派一支部队登陆瓜岛，用来遏制日军南侵，还能将瓜岛作为攻打日本本土的反攻起点。当时美军已经制订了一个代号为"瞭望台"的反攻计划，要执行此计划，必须夺下瓜岛。

日本方面：自中途岛海战之后，急需一场胜利来挽回颜面。日本人的海军进攻目标是南太平洋，并计划夺取所罗门群岛。所以，在1942年6月，日军以惊人的速度在瓜岛上修建了机场。

首战告捷

1942年7月31日，美军舰队从斐济经过7天航程后，到达距瓜岛约60海里的海域，美军登陆编队借助恶劣天气的掩护，直到登陆开始，一直未被日军发现。

在获得登陆命令后，美军登陆舰艇

向瓜岛源源不断地运送兵力，同时美军航空部队出动轰炸机对所罗门群岛的日军进行了压制空袭。

在轰炸持续了大约 2 个小时后，美军就登上了瓜岛，并快速向岛内纵深推进。

被炮声惊醒后手忙脚乱的日军，救出了一些轰炸机，迅速组织应战，对美军的海面战舰进行了轰炸，在美国空军的反击下，日本空军的轰炸效果不大，而美陆军也在持续的推进，几个小时过去后，瓜岛以北图拉吉岛的日本守军全部撤离，图拉吉岛被美军控制住。

日美增援兵力

美国如此迅速快捷的登陆瓜岛，令日军司令部大惊失色，于是迅速增派部队并进行疯狂的反扑。

日本方面：大将山本五十六亲自带领联合舰队赶赴瓜岛战场。这样日方的军力配置要比美军稍微占优，由此可知

▲ ["复仇者"鱼雷轰炸机]

"复仇者"鱼雷轰炸机是由格鲁曼公司在"毁灭者"鱼雷轰炸机基础上开发改造，于 1942 年投入战场的舰上鱼雷轰炸机。这款鱼雷轰炸机的攻击能力比日本的"九七舰攻"更强悍，机上搭载了一枚 Mark13 航空鱼雷、1 枚 900 千克或 4 枚 230 千克炸弹，因其襟翼配备了减速板设计和煞车减速板，所以具有和俯冲轰炸机一样的俯冲攻击能力。

老鼠特快：这个称号来自山本五十六的无奈。由于日本海军在瓜岛以北海战中损失很大，山本五十六不愿再派出大型军舰进入瓜岛海域，只使用驱逐舰在夜间偷运补给，日本人戏称这种像老鼠一样只能在晚间行动的运输方式为"老鼠特快"。

然而，"老鼠特快"不能在运送军队的同时大量运输物资，其实际供应量只能维持标准定量的 1/5 到 1/3。由于长期补给不足，岛上日本官兵体力消耗殆尽，食品极度匮乏，热带疾病流行，加上缺乏药品，伤病员大量死亡，加剧了日军的非战斗减员。

▲ [瓜达尔卡纳尔岛战役纪念邮票]
票面上表达的是在海空军掩护下，美国海军陆战队在海滩上登陆的场面。

> 项链运输：到 1942 年 11 月下旬，日军夜间运送物资的驱逐舰又发明并实验了"铁桶运输"的新办法。日军把药品、粮食装入铁桶，但不装满，使铁桶刚好能浮在海面上，然后进行密封，用绳索连接，固定在舰艇的甲板上，在指定海域投入水中，利用潮汐漂向瓜岛，再由岛上的部队用小艇回收。由于这些小桶呈项链状挂在舰舷上，因此又被称为"项链运输"。当驱逐舰驶近瓜岛时，将绳子割断，铁桶"项链"留在瓜岛海岸，驱逐舰立即返航。

瓜岛将会成为最为激烈的战场。

美军方面：获知日方山本五十六来到瓜岛战场后，美军司令部派出了骁勇善战的哈尔西将军出任美南太平洋战区司令，负责对瓜岛作战。哈尔西上任后，立即从南太平洋守军中抽调一个团，出兵增援瓜岛。同时派出"大黄蜂"号航空母舰和刚修复的"企业"号航空母舰，还有诸多巡洋舰、护卫舰、驱逐舰，命令舰队全力奔赴瓜岛战场，并护送更多的陆军登陆。

日军增援部队反扑开始

山本五十六的出现，令日军士气大振，连续三天三夜通过炮火狂轰滥炸，逼迫得登陆美军部队不停地逃窜，只在此轮轰炸中，美军就有 31 架"无畏式"轰炸机、16 架"野猫式"战斗机和全部的"复仇者"鱼雷轰炸机被日本人的炮火摧毁。

日军见第一次反扑很顺利，随之又出动了二波攻击，出动轰炸机直扑美军航母编队，被美军战斗机拦截在距航母25 海里处，双方发生了激烈空战，日机被击落 6 架。

山本五十六企图一举歼灭美军舰队，他指挥日本舰队与哈尔西指挥的美国南太平洋舰队爆发了多次海战，包括萨沃岛海战、泰纳鲁河口之战、东所罗门海战、埃斯帕恩斯角海战、圣克鲁斯群岛海战、瓜达尔卡纳尔海战、塔萨法隆格海战等一系列战役，双方互有胜负，总体来说哈尔西率领的美军稍占上风。

哈尔西和山本五十六的对抗战争，持续到1943年1月4日，日军军部终于下令从瓜岛撤离。至此，历时半年的瓜岛战争就此结束，日本人灰溜溜地逃走了。

瓜达尔卡纳尔岛战役是以美军小型登陆战为开始，随后日军为夺回岛屿而逐次增兵，并与美军在海上、陆地、空中展开了空前的争夺，从而演化成了日本与盟军的决战。双方历时半年多的争夺，均损耗了大量的战舰、飞机，而日本的人员伤亡也远超美军。最终，日本因无力进行消耗作战而选择撤军。美军最终完全占据瓜岛，尔后夺取了所罗门群岛，最终是整个南太平洋地区的制海权，美军因此开始进行战略反攻。

瓜达尔卡纳尔岛战役是继中途岛战役之后日本的再次失败，也是日本从战略优势走向劣势的转折点，从世界范围来看，1942年底盟军在瓜岛的反攻和胜利，与同时期的斯大林格勒会战、阿拉曼战役一起，成为同盟国进入战略反攻阶段的开始。

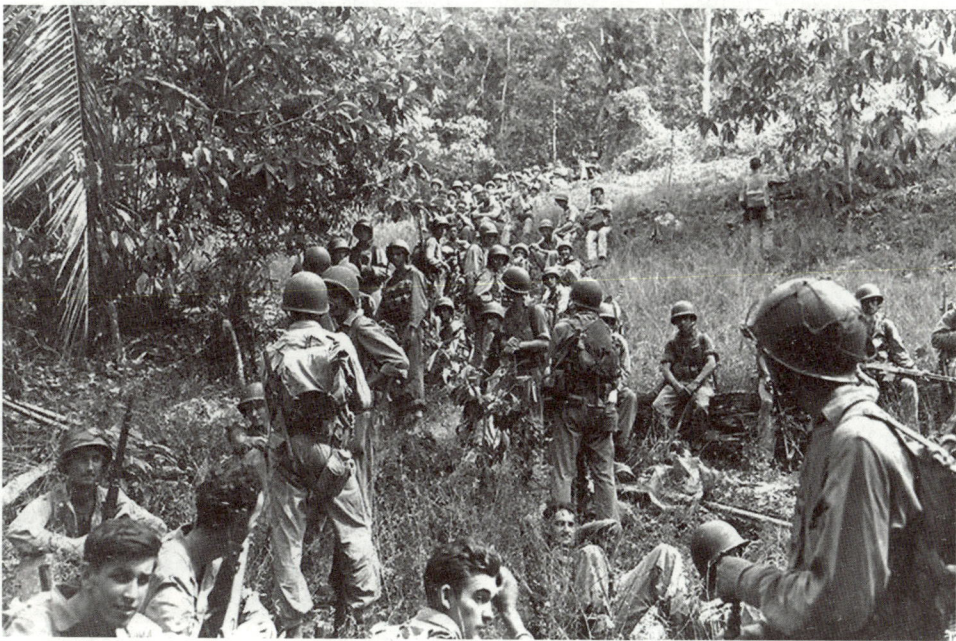

▲ [在瓜岛休息的美军]

瓜岛争夺战中，美、日双方海空交战30多次，各损失驱逐舰以上的战斗舰只24艘，日军损失飞机600架，超过美军。参战的6万美陆军和海军陆战队官兵有1600人阵亡，4200人受伤。岛上的3.6万日军，阵亡及失踪1.4万人，病死9000人，被俘1000人。

马里亚纳海战

日本对抗美国的火鸡大捕杀

马里亚纳海战也被称为菲律宾海海战，是历史上最大的航空母舰决战。美军为了进一步扫清进攻日本本土的障碍，决定夺取马里亚纳群岛。由于战斗中日军飞机被美军战斗机轻易击落，被美国人戏称为"马里亚纳猎火鸡大赛"。

1942年下半年到1943年上半年，盟军在瓜达尔卡纳尔岛战役取得胜利，夺得太平洋战场主动权，开辟了两条新的战争线：一条由美国太平洋舰队总司令切斯特·威廉·尼米兹海军上将在中太平洋展开攻势；另一条由道格拉斯·麦克阿瑟陆军上将自澳大利亚向印度尼西亚、菲律宾发动跳岛作战，1944年上半年两条战线都已迅速接近日本，势不可挡。

为了进一步削弱日本的工业潜力，盟军需要占领地位重要、在日本"绝对国防圈"上的马里亚纳群岛作为远程轰炸机基地，遂派出中途岛战役英雄雷蒙德·斯普鲁恩斯海军上将，率领由15艘航空母舰组成的第5舰队，执行攻占马里亚纳群岛的任务。

斯普鲁恩斯首先指挥美军在塞班岛成功登陆，由于战场推进顺利，斯普鲁恩斯乘胜攻占关岛。

从1943年起，日本决定沿千岛群岛→小笠原群岛→马里亚纳群岛→加罗林群岛→新几内亚群岛西部等绵延400多千米的弓形群岛建立"绝对国防圈"，随即便开始了对此处的防务军备。

跳岛战术，也作蛙跳战术，是第二次世界大战后期，美军为收复日军占领的亚洲和太平洋地区岛屿时所贯彻的战术，一般认为由麦克阿瑟发明，但实际上美国海军五星上将哈尔西以及其参谋长布朗宁亦拥有至少一半的发明权。

所谓跳岛战术，即是不采取逐一收复各岛的战法，而是收复一个岛屿后，跳过下一个岛屿，而攻占下下一个岛屿，特别是跳过防守比较坚固的日军岛屿，通过跳岛占领，以海空封锁的方式来孤立日军占领的岛屿，迫使其最后不得不屈服（或宁死不从的饿死），如此大幅度提升了收复岛屿的进度与成效。

▲ [马里亚纳海战]

马里亚纳海战是历史上最大的航空母舰决战。由于战斗中日军飞机被美军战斗机轻易击落，被美国人戏称为"马里亚纳猎火鸡大赛"。

▲ [雷蒙德·斯普鲁恩斯海军上将]

美国海军第5舰队司令斯普鲁恩斯上将，被称为美国海军中最聪明的人，美国海军上将中的上将。由于为人低调，又被称为沉默的提督。

▲ [丰田副武]

作为日本联合舰队司令长官的丰田副武虽然让人感觉斗志旺盛，但却留下了指导航空母舰作战受挫、延误了战争的印象。

日本司令部的指挥官们意识到了斯普鲁恩斯的企图，日本联合舰队总司丰田副武于1944年5月20日发起"阿"号作战命令："在美军攻击马里纳之际，命小泽治三郎中将带领的9艘航空母舰组成的机动部队，给予美军第5舰队进行致命打击。"

接到命令的小泽治三郎，派出第一波攻击机群从航母起飞，去轰炸美国部署在关岛海面的航母。可是，在美国战机与美舰强大的防空火炮的拦截下，日本第一波攻击机群损失轰炸机42架，没有一架飞到美国航母上空。

之后日方又派出第二攻击机群，再度被美国战机拦截。直到战斗结束为止，美方取得史上最大舰载机空战的压倒性胜利。由于日军飞机轻易地被击落，于是被美国人戏称为"马里亚纳猎火鸡大赛"。

美国在这场海战中重创日本海军舰队，一举夺得西太平洋的制海权同时巩固了在塞班岛建立起的阵地，美军仅付出阵亡76人、损失123架飞机、轻伤4艘军舰的极小代价，击毁日军3艘航空母舰、2艘油轮及600架飞机。

马里亚纳海战后，日本航空母舰部队无力再与美军抗衡，在4个月后的菲律宾莱特湾海战中被全数歼灭。马里亚纳群岛完全被美军控制。

空袭达尔文港

太平洋航母的空中冲突

日本空袭达尔文港是历史上外国军队对澳大利亚规模最大的袭击，也是"二战"太平洋战争中重要的一次军事行动，给澳大利亚人带来了巨大的心理打击。数周之后澳大利亚对日本的敌对情绪开始蔓延。这一事件通常被称为"澳大利亚的珍珠港事件"。

▲ [电影《澳洲乱世情》——空袭达尔文港]

作为"通往亚洲的大门"，1942 年的达尔文港有海军及空军基地，并驻守着 1.5 万名盟军士兵，是澳大利亚及其盟国（主要是美国）的一个重要的战略枢纽。

1941 年底的珍珠港事件拉开了太平洋战争的序幕，达尔文港也开始了频繁的兵力调动。但令此地军民没有想到的是，澳大利亚版的"珍珠港事件"正在逼近。

致命的多个巧合

此时达尔文港的防守情况令人担忧：防空武器极度缺乏，只有 20 毫米口径以

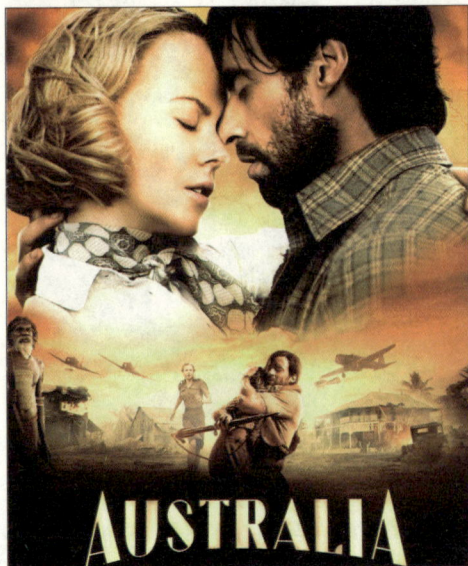

▲ [《澳洲乱世情》剧照]

下的全自动轻武器，驻守当地的澳大利亚皇家空军已被派往欧洲、北非和中东战场。

而在盟军方面（主要是美军），这里只有12架刚刚执行完护航任务的P-40E战斗机，其飞行员几乎全部是新手级别，只有一名叫奥斯特莱克的中校拥有20小时以上的战斗经验。发生在1942年2月19日的突袭达尔文港海战，是由多个致命的巧合促成：

第一个巧合：原本达尔文港有一座调试中的雷达站，这一天不知何故竟然没有开启。

第二个巧合：受袭当天早晨9时，美军10架P-40E战斗机护送一架B-17E空中堡垒轰炸机前往印度尼西亚爪哇岛。由于当地天气恶劣，10架飞机被迫返航。返航方向恰好与日军攻击方向致命地吻合。

第三个巧合：达尔文港无线电至少收到两次飞机入侵警告，但当时执勤的军官以为这只是中途返航的10架美军P-40E战斗机而并非敌军。

空袭达尔文港

2月19日上午，由日本海军中将南云忠一率领的航空母舰舰队抵达帝汶海海域，而后81架中岛"九七"式水平轰炸机、71架爱知"九九"式俯冲轰炸机和36架三菱"零"式战斗机从航母上起飞，总共188架舰载机由曾参加过偷袭珍珠港的渊田美津雄海军中佐带队向目

标扑去。珍珠港的一幕在达尔文港再度上演……

虽然达尔文港在军事战略上的重要性不如珍珠港，但这里所遭受的炸弹数量却超过了日军空袭珍珠港时所使用的炸弹。日军的此次闪电式攻击以极其微小的代价给澳大利亚及其盟国造成了巨大打击，共造成盟军约700人伤亡，23架飞机被摧毁，35艘军舰或商船被击沉击伤，达尔文军事基地内的基础设施更是被摧毁殆尽。虽然"二战"期间达尔文港曾遭受过多达59次轰炸，但由于这次毫无防备，所以此次空袭造成了最为严重的破坏。

> 空袭达尔文港给澳大利亚造成了极大的恐慌，因为这是澳大利亚本土有史以来第一次遭受外国攻击，随之而来的是在全国范围内逐渐蔓延的对日本的敌对情绪，而这也进一步使澳大利亚与美国结成了紧密的军事同盟。

▲ [空袭达尔文港的舰载机中佐渊田美津雄]

渊田美津雄是日本海军航空兵，曾经参加过偷袭珍珠港。

> 南云忠一率领的舰队包括"赤城""加贺""飞龙"和"苍龙"4艘大型航空母舰以及其他10多艘战舰。

"不沉战舰"的沉没

英国"Z"舰队的覆灭

1941 年 12 月 10 日，就在珍珠港上空的硝烟滚滚燃烧、余烟未尽之时，马来亚海面又起战端。战争史上第一次大规模的岸基航空兵对海面舰队进行攻击的海空战在日英之间爆发了。

马来亚也叫西马来西亚，是马来西亚的一部分，位于马来半岛的南部，东临南海，北临泰国，西南与东印度群岛（现印度尼西亚）的苏门答腊岛相望，此地控制着太平洋和印度洋之间的主要航道——马六甲海峡，是南下东印度群岛、北上缅甸的跳板。不仅如此，马来亚也是英国在远东的主要海军基地和战略据点，因此，进军马来亚就成了日军在南方作战的重要组成部分。

组建"Z"舰队

1941 年底，为了制止日本的扩张侵略，英国首相丘吉尔不得不从本就十分紧张的海军兵力中挤出一部分，组成以皇家海军参谋部副参谋长、海军少将托姆·菲利普斯爵士为司令的远东舰队，代号为"Z"舰队，开赴远东战场。

"Z"舰队的舰员之"威尔士亲王"号，是第二次世界大战前新建造的新型战列舰之一。该舰 1937 年动工，1939 年下水，1940 年服役，全长 227 米，最大排水量为 43 000 吨。该舰速度快、装甲

▲ [马来亚海战的守方：英国]

英军参战兵力为远东舰队（战列舰 1 艘，战列巡洋舰 1 艘，巡洋舰 3 艘，驱逐舰 9 艘），海岸航空兵飞机约 250 架。

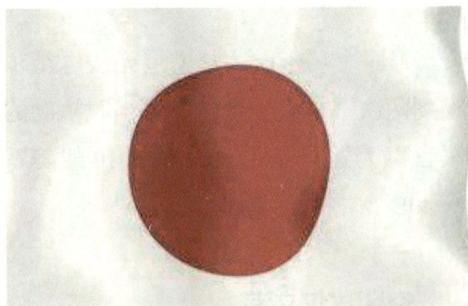

▲ [马来亚海战的攻方：日本]

日军参战兵力包括第 25 军团、第 3 航空队和马来亚战役联合编队。其中部署各型飞机约 600 架。

▲ ［“威尔士亲王”号］

厚、火力猛，素有“不沉战舰”之美称，曾在击毁德国最新式战列舰“俾斯麦”号的海空战中大显神威。另外，1941年8月，美国总统罗斯福与英国首相丘吉尔还在该舰举行了著名的“大西洋会议”，并一起做礼拜。

“Z”舰队的舰员之“反击”号，此舰全长242.1米，最大排水量36 800吨，1916年下水，虽然舰龄比较长，但该舰曾于1922年和第二次世界大战前夕先后进行了2次现代化改装，是一艘颇具威力的主力战舰。

“不沉战舰”的沉没

12月10日，日本海军小泽治三郎的侦察机在马来亚海上空，发现了素有“不沉战舰”之称的“威尔士亲王”号战列舰和“反击”号高速战列巡洋舰，这支满载着英国皇家海军荣誉的“Z”舰队，做梦也没想到噩梦就在眼前。

在日军鱼雷轰炸机的猛烈打击下，从11时45分日机发现"Z"舰队，到下午14时20分，短短时间内"反击"号和"威尔士亲王"号就被击沉海底，使全世界都不禁为之一震。

▲ [日本轰炸机]
在马来亚海战中，小泽治三郎使用了穿梭战术，迅速、快捷地轰炸了英方的战列舰。

"Z"舰队遭到全歼的消息传到伦敦，英国首相丘吉尔听到这个噩耗时，不禁惊呼这是对他"一生中最为沉重和最痛苦的打击"。并下令马上重新组建一支新的远东舰队，番号仍为"Z"舰队，立即开赴太平洋海域。

新远东舰队——"Z"舰队

新远东舰队——"Z"舰队由赫赫有名的重型战列舰"厌战"号担任旗舰，另有4艘经过第一次世界大战战火考验的老战列舰和"无敌"号、"竞技神"号、"可怖"号3艘航空母舰以及8艘巡洋舰、驱逐舰加盟，规模要比第一支舰队大得多，并且由深受丘吉尔信任的詹姆斯·萨默维尔爵士接任新的司令官，誓与日本人再较量一番。

日军兵力部署

1942年3月底，日本人在得到新组建的英国远东舰队东进的消息后，立即

▲ [马来亚海战日本方指挥官小泽治三郎]
1941年12月2日，在南遣舰队护卫下，小泽治三郎奉命指挥第25军从中国海南岛的三亚港出发，12月8日登陆马来半岛，南遣舰队为此战提供海空支援，在马来亚海战中，重创了英国皇家舰队，取得了压倒性的胜利。

命令南云忠一中将率一支包括6艘航空母舰、4艘战列舰、1艘巡洋舰和11艘驱逐舰在内的舰队南下印度洋海域，前去截击英新"Z"舰队，力争将英国舰队在海上彻底摧毁。

新"Z"舰队的覆没

日机在阿杜环礁海域发现目标，日本航母获得消息后，立刻派遣轰炸机群疯狂投出炸弹和鱼雷，狂轰滥炸之后，日本战列舰、巡洋舰和驱逐舰一哄而上，将刚受飞机轰炸的"Z"舰队围在阿杜环礁海域，多兵种、多舰众炮齐发，英国的第2支"Z"舰队同样没有逃离厄运，几乎被全歼。

"Z"舰队的覆没是美英继珍珠港事件之后所遭受的又一次沉重打击。

英远东舰队被击溃对当时英国在远东的军事地位产生了灾难性的影响。从此，在海上称雄数百年之久的大英帝国在这一地区失去了制海权，日舰队的胜利则为日军海上输送任务的顺利完成提供了保障。更为日军全面占领马来西亚、新加坡等国提供了有利条件。

▲ [第二任"Z"舰队指挥官詹姆斯·萨默维尔]

詹姆斯·萨默维尔是显赫的萨默维尔家族的一员，该家族在英格兰南部和英帝国海外殖民地拥有大量财产。他与丘吉尔私交甚深，萨默维尔的性格、才能，深受丘吉尔的赏识。

在这次作战中，英国战舰面对着速度奇快的日军鱼雷机真是束手无策。习惯了剑鱼式90～100千吨投雷的时速，面对日机150～190千吨投雷的时速真是吓呆了。

英国"Z"舰队的覆灭，可以说是武器发展的必然结果，过去的海上霸主——战列舰终究不敌新兴的航空力量。

珊瑚海海战

历史上第一次航母和航母的对决

珊瑚海海战是战争史上航空母舰编队在远距离以舰载机首次实施交战，也是日本海军在太平洋第一次受挫。

珊瑚海海战是日本自 1942 年 5 月开始发动的妄图征服南太平洋战役的一部分。

日本联合舰队向珊瑚海海域派出了"翔凤"号、"瑞鹤"号和"翔鹤"号 3 艘航空母舰。美军截获并破译了日本海军密码，得知了这一重要情报。为报珍珠港被偷袭的仇，美国海军立即就近火速派出"列克星敦"号和"约克城"号航母迎战日军。

日本痛失一艘航母

5 月 7 日，日本海军指挥官高木武雄指挥战机从"瑞鹤"号起飞，共 78 架日机，攻击并炸沉了美军的"尼奥肖"号和"西

THE MOST AMAZING SAGA OF THE MOST DECISIVE BATTLE IN NAVAL HISTORY!

THE SKIPPER

THE GIRL

THE ENEMY

BATTLE OF THE CORAL SEA

starring
CLIFF ROBERTSON · GIA SCALA

▲ [电影《珊瑚海歼灭战》剧照]
以珊瑚海海战为背景的电影，主要讲述航空母舰之间的第一次对决。

"祥凤"号不仅是日军在太平洋战争中第一艘损失的航母，也可能是沉没得最快的航母——前后不到 35 分钟。

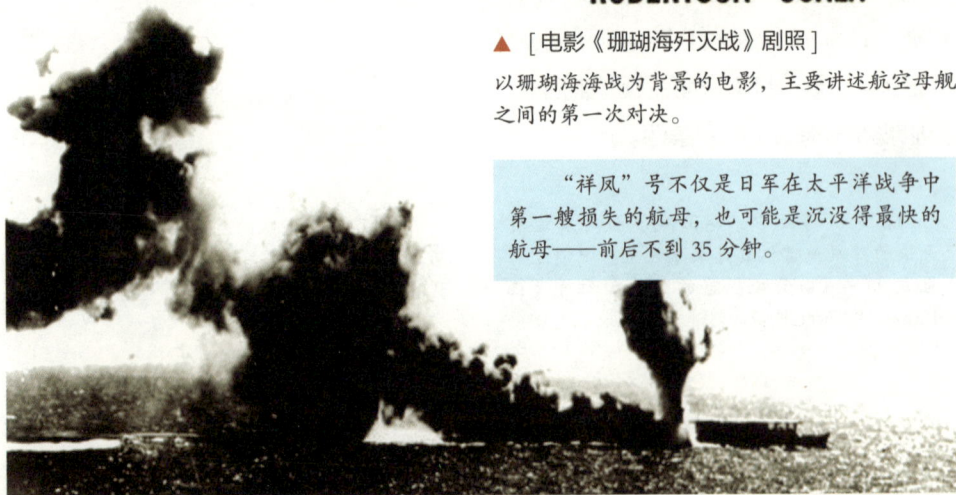

▲ [起火的"祥凤"号航空母舰]

["列克星敦"号航空母舰上的飞机]
"列克星敦"号航空母舰可容留 72 架飞机，图中为绑扎固定好的飞机。

姆斯"号驱逐舰。而此时美军将领弗莱彻率领的航母主力正在向西行驶，发现了日本航母的所在位置，美军"列克星敦"号派出共计 93 架飞机，轰炸了日军舰队，日军"祥凤"号航母不幸中弹沉没，这是日本帝国海军在太平洋丧失的第一艘大型舰只。

◀ [法兰克·杰克·弗莱彻]
美军中将，曾参与珊瑚海、中途岛和瓜达尔卡纳尔岛战争。

美军被击沉一艘航母

5 月 8 日凌晨，美国"约克城"号和"列克星敦"号共 82 架飞机扑向日本舰队，此时，日鱼雷机队已经飞临美舰"约克城"号上空。如此良好的攻击机会，日军绝不会错过。日军飞机对美"约克城"号、

弗莱彻是美军第二次世界大战中击沉日军航母最多的一位海军将领，包括"祥凤"号、"赤城"号、"加贺"号、"苍龙"号、"龙骧"号在内，他一共指挥击沉了 5 艘日本航母。

"列克星敦"号进行了俯冲投弹，一颗 360 千克的炸弹击中了美舰"约克城"号，此时"约克城"号仍能继续战斗。而"列克星敦"号被如雨般的炸弹击中，发生爆炸并引起大火沉没。

此时天色已晚，美军将军弗莱切无意再战，遂率队撤离战场。

珊瑚海海战，美方被击沉一艘大型航空母舰"列克星敦"号、一艘油轮、一艘驱逐舰、65 架飞机、死亡 543 人，另一艘航母"约克城"号受伤；日本损失一艘轻型航母、69 架飞机、死亡 1074 人，另有一艘航母受伤。从伤亡角度看，日本海军显然取得了珊瑚海海战战术上的胜利。但从长远的角度来看，把珊瑚海海战的后果同后续的事件联系起来，那么美国毫无疑问取得了决定性的胜利。弗莱切海军少将的部队成功地挫败了日本南下控制珊瑚海和澳大利亚的海上通道的战略计划。

珊瑚海海战是第一次航空母舰之间的决斗。双方的军舰没有开炮或者发射鱼雷，也没有进入对方的视线之内，而是从上百海里以外的远距离用所携带的舰载机来取胜。

美国海军从中深刻地感受到航空母舰编队作战将是未来海战的主要模式，于是开始大力在随后的实战中进行推广，并最终赢得了太平洋战场上的胜利。

▲ [日本零式战斗机]

零式战斗机的正式名称是"零式舰上战斗机"，简称零战，是日本军方从 1939 年开始生产投入使用的战斗机。零战是第二次世界大战太平洋战争中日本海军的主力战斗机，刚一投入战场就以其出色的爬升率、转弯半径小、速度快、航程远等优势给予了美军战斗机重创，对盟军飞行部队造成重大损失。

◀ [高木武雄]

高木武雄，日本帝国海军少将。战前海军军备计划的主持者，泗水海战的胜利者。1944 年成为潜艇舰队司令。同年战死，追晋海军大将。

在珊瑚海海战中，双方从一开始制订的方案就是轰炸对方的航母，以击沉对方的航母为目标派出侦察机、鱼雷机和轰炸机实施行动。发现航母后，双方的空中激战就此展开，此战不仅考验飞行员的飞行技巧，还考验其投掷鱼雷和炸弹的技巧，如果在此期间无法躲避敌机的火力或者速度不够快，势必会丧生于大海之中。这是一场双方舰载机的硬件较量，但同时，航母本身性能的优劣也很重要。

中途岛海战

美日海空大厮杀

珍珠港事件在美国人和日本人心里都烙下了深刻的印记，美国海军一直在伺机报仇，日本海军则试图将美国太平洋舰队彻底消灭。山本五十六押上了日本海军的全部家当，准备在中途岛和美国人决一死战。只是这一战日本并未受到眷顾，大败后的日本海军辉煌就此结束。

中途岛海战是人类历史上唯一一次航母战斗群对航母战斗群的战争，也是美国海军以少胜多的一个著名战例。

此战于 1942 年 6 月 4 日展开，美国海军不仅在此战役中成功地击退了日本海军对中途岛环礁的攻击，还得到了太平洋战区的主动权。日本方面的很多资料都认为这场惨败是因为运气太不好，美军飞机正巧在日军航母舰载机加油换弹的节骨眼上发动了攻击，只要日军战机能起飞，这仗就不会输，事情果真如此吗？

中途岛距珍珠港 1135 海里，是美国在中太平洋地区的重要军事基地和交通枢纽，也是美军在夏威夷的门户和前哨阵地。面积只有 4.7 平方千米，其特殊的地理位置决定了它战略地位的重要性。该岛距美国旧金山和日本横滨均相距2800 海里，处于亚洲和北美之间的太平洋航线的中途，故名中途岛。

对美国而言，中途岛一旦失守，美太平洋舰队的大本营珍珠港也将唇亡齿寒。

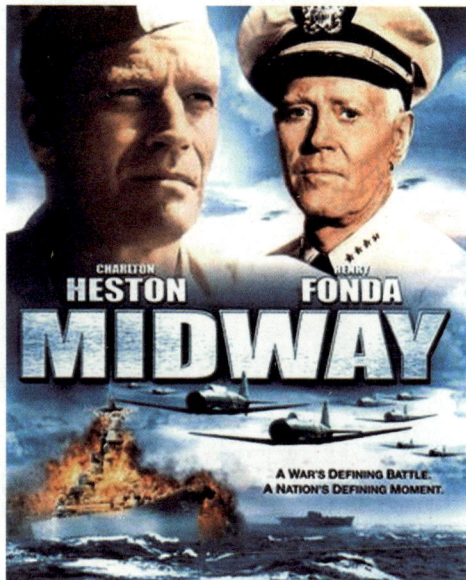

▲ [《中途岛海战》剧照]

中途岛海战中情报起到了决定性的作用，正是因为美国在紧要关头破译了日本联合舰队的"AF密码"，才一举取得最后的胜利。

日军部署

日本在珊瑚海海战之后的仅仅一个月就把中途岛拟定为下一个攻击目标。这不仅能报美国空军空袭东京的一箭之仇，还能打开夏威夷群岛的大门。为了

▲ [日本"赤城"号航空母舰]

防止美军从夏威夷方面出动并攻击日本。日本海军想借此机会将美国太平洋舰队残余的军舰引到中途岛一举歼灭。为达到该目的，日本海军几乎倾巢而出，投入大半兵力，舰队规模甚至超越后来史上最大海战莱特湾海战时的联合舰队，是日本海军在"二战"中最大规模的战略进攻。

日本海军在联合舰队司令长官山本五十六的指挥下，用4艘航母266架舰载机（另外航母上还搭载有准备在占领中途岛后进驻岛上机场的56架飞机）来对阵美军3艘航母233架舰载机，再加中途岛岸基航空兵121架飞机。

"赤城"号航空母舰的命名源自日本关东北部的赤城山，这与大部分是使用飞翔的动物作为命名的其他日本海军航空母舰有点不同，这主要是因为"赤城"号原本设计是一艘战列巡洋舰，中途改建为航空母舰，却没有再行改名而沿用原本的巡洋战舰命名所致。

日本"赤城"号航空母舰部分战绩：
1932年1月第一次淞沪抗战中，"赤城"号、"加贺"号轰炸上海。
1937年"七七事变"爆发，"赤城"号先后在长江流域、华南、海南等地作战。
1942年6月中途岛海战中，"赤城"号是机动部队指挥官南云忠一海军中将的旗舰，被美国海军"企业"号航空母舰的舰载俯冲轰炸机命中两颗炸弹，引起甲板上刚加满油的舰载机和摆放在甲板上的鱼雷爆炸，执行护卫任务驱逐舰"舞风"号、"荻风"号、"野分"号和"岚风"号各自发射了一条鱼雷，"赤城"号于次日凌晨沉没。

发动攻击

1942年6月4日凌晨，日本第一攻击波机群36架俯冲轰炸机、36架水平轰炸机和36架零式战斗机开始从4艘航空母舰上同时起飞，108架舰载机在友永丈市海军大尉的率领下出发，目标直指中途岛。

同时，日本海军中将南云忠一命第二攻击波飞机准备随时迎击美国舰队，并命令侦察机搜索东、南方向海域，但是重巡洋舰"利根"号的2架侦察机因为弹射器故障，起飞时间耽误了半个小时，"筑摩"号的1架侦察机引擎又发生故障中途返航（这架飞机本应该正好搜索美国特混舰队上空），给日本舰队埋下祸根。

破获日本通讯密码

天色将亮，中途岛美军派出的"卡塔林娜"式侦察机发现日军航空母舰，美军斯普鲁恩斯少将立即做出反应，准备攻击日军航母。此前美国舰队因为已经破解了日本海军"JN-25"的通信密码，所以对这次日本的计划了如指掌。

双方对决

在日本轰战机群到达之前，驻扎在中途岛的美军战斗机都已全部升空，迎击来犯的日本战机第一轰炸机群。同时美军还有一个战机群飞向了日本航空母舰。此时，日军第二攻击波的飞机，正在卸下炸弹换上攻击军舰的鱼雷。正常情况下，卸下炸弹，再换上鱼雷，一直到加满油等整个过程准备就绪，最少需要两小时，日军第二攻击波的起飞准备还没完成，美国太平洋舰队的飞机已经朝日军航母开始投弹了！

对于中途岛海战，很多资料尤其是日方资料，都将日军的惨败归咎于"命运五分钟"，也就是说当美军的俯冲轰炸机攻击日军航母时，日军航母正在为第二轮攻击的飞机进行加油换弹，再过5分钟就可以完成所有准备工作起飞，若真如此，5分钟时间很可能会改变胜负的结局。

▶ [南云忠一]

南云忠一在中途岛海战中失去了4艘航空母舰，为此受到众多的批评，很多日本海军人士认为他没有把重点力量放在中途岛之战。之后，他被调往指挥在马里亚纳群岛的日本海军，最后在塞班岛自杀。

近现代海战

▲ [美军"无畏"俯冲轰炸机]

SBD"无畏"式舰上俯冲轰炸机，正如其名，希望驾驶它的飞行员可以不畏惧的勇往直前，此机在珊瑚海海战与中途岛海战当中创下空前的战绩，尤其是击沉了日本引以为傲的海上主力："赤城""加贺""苍龙""飞龙"4艘航空母舰。至1944年由于后继机种SB2C地狱俯冲者式的服役，才慢慢退居第二线。

但是事实是，在战役发起前，日军的密码即被美军破译，美国早已经做好了一切准备，致使在中途岛战役美军只损失一艘航空母舰、1艘驱逐舰和147架飞机，阵亡307人；而日方却损失了4艘大型航空母舰、1艘巡洋舰、330架飞机，还有几百名经验丰富的飞行员和3700名舰员。

泗水海战

保障日陆军登陆占领爪哇岛

泗水海战发生于 1942 年 2 月 27—28 日，日本南遣舰队击破荷兰、美国、英国和澳大利亚四国联合舰队，保障了陆军登陆并占领爪哇岛。

日军偷袭珍珠港后，迅速扩大了在东南亚兵力的部署。随着马来西亚、菲律宾、香港、马尼拉和甲米地的沦陷，整个东印度群岛已敞开在日军的炮口之下。虽然荷兰、美国、英国和澳大利亚相继向日本宣战，但并没有阻挡住日军的神速推进。

泗水海战已经显露出各国重巡洋舰的局限性。参战的重巡洋舰已经接近了双方重巡洋舰的最高水平，因此可以得出这样的结论。即泗水海战，很大程度上预示着火炮装甲巡洋舰已经发展到了顶点，本身已经难以有巨大突破。巡洋舰的未来，只有求助新技术了。

成立盟军海军联合突击队

鉴于日本海军的猖狂，盟军司令部于 1942 年 2 月初开始组织一支海军舰艇的联合突击队，由荷兰海军少将杜尔曼指挥。

联合舰队在杜尔曼将军指挥下积极抗击日军舰队，但日军依靠空军轰炸，依旧一个又一个的攻取战略要地。而盟军的空军却始终没能与海军达成配合。这时日军向爪哇岛发动进攻的部队已经出发，按联合舰队指挥杜尔曼的要求，附近的美国空军部队派出轰炸机和侦察机实施空中援助，然而赶来援助的一艘美国航空母舰被日军击沉，该舰上载有 32 架战斗机，对于杜尔曼来说，此举几乎使联合舰队完全失去了空军的配合。

◀ [泗水海战四国联合舰队指挥官——杜尔曼]

杜尔曼时年 53 岁，在荷兰海军中任职 36 年，具有丰富的作战经验，尤其重视海空配合作战。

◀ [泗水海战日方指挥官——高木武雄]

日本海军司令官是高木武雄，时年 50 岁，海军生涯已达 34 年，曾在潜艇上服役 13 年，是一位成功卓著的海军指挥官。

▲ [联合舰队旗舰"德鲁伊特尔"号轻巡洋舰]

日本海军横扫联合舰队

2 月 27 日下午，杜尔曼的联合舰队与由高木武雄指挥的舰队相遇于马威安。

从数量上看，日军并不占太大的优势，但却有着配合密切的空军。而杜尔曼方的联合舰队连一架侦察机都没有，通信能力也较差；日军不断派出飞机侦察敌情，而且利用日军的远航程鱼雷，在远距离有效地攻击联合舰队的舰船和潜艇。

经过一夜的战斗，日军仅损失一艘扫雷艇和一艘商船，其他舰只连受伤的也不多，而盟军方保卫爪哇岛的海上力量几乎崩溃。他们拼命试图阻止日军在爪哇岛登陆，只不过使日军的登陆时间比原计划推迟了 24 小时。联合舰队的杜尔曼将军和他的参谋们一起与旗舰"德鲁伊特尔"号一起同归于尽，沉入大海。

▲ ["德鲁伊特尔"号轻巡洋舰正面照]

"德鲁伊特尔"号轻巡洋舰舰上的高大桅杆、双联装炮塔和单装主炮的混搭结构。在泗水海战中，成为日军的绝佳识别和瞄准目标。

此战如果不是杜尔曼少将坚定的战斗意志，同盟国舰队早就能逃之夭夭，事实上 4 艘美国驱逐舰战争开始后就已经无故离开了战场。

1942 年 3 月 1 日，日军在原指定的 4 个地点顺利登陆。3 月 5 日，荷属东印度政府已在考虑投降。

3 月 8 日，荷属东印度政府同日军举行会谈，决定无条件投降。日军原估计要用 6 个月的时间来攻占东印度群岛，结果只用 3 个月便达到了目的。

巴布亚半岛海战

日本与美澳海军的漫长对峙

太平洋战争初期，日本海军战果辉煌，为了扩大战果，对澳大利亚、夏威夷、印度采取积极攻势，增强自己的作战能力，而美国、澳大利亚方面组成联军，共同抵抗日军，双方都将海、陆军队协同作战，日本发动巴布亚半岛海战的目的是占领澳大利亚东部的莫尔兹比等地区。

▲ [美澳联军指挥——罗伯特·艾克尔伯格]

罗伯特·艾克尔伯格是陆军上将，人称"残忍的普鲁士人"。

▲ [日本方面指挥——百武晴吉中将]

百武晴吉为日本战犯、军国主义分子。世家出生，排行老六，其三哥、五哥都是海军大将。百武晴吉曾受专业的密码分析训练，曾于1934年成功破译苏联红军的密码，随后1941年又破译了苏联空军密码，颇有成就。

中途岛海战后，日军仍企图攻占战略要地莫尔兹比港，以切断美国与澳大利亚的联军交通线。巴布亚半岛对日本来说，是登陆澳大利亚的天然跳板，而对于美澳联军来说，它是保卫澳大利亚的前哨和反攻日本的出发点，双方都志在必得。

1942年7月，日本海、陆两军同时出兵巴布亚半岛，海军在巴布亚半岛北部登陆，以协同陆军作战，日军陆军在接下来的一个月时间内，将在巴布亚半岛的作战兵力增加到1.3万人。

美澳联军开始反击，此时日本和美澳两军双方兵力相差不多，战争进入了僵持状态。

到10月下旬，美国西南太平洋战区总司令麦克阿瑟将军调集美澳联军约3万人增援巴布亚半岛，由罗伯特·艾克尔伯格将军率领，此举打破了僵持局面，令战局发生了变化。日军由于缺乏支援，渐渐败退，全部停止抵抗并撤出巴布亚半岛。

巴布亚半岛海战结束时，日本方面损失约1.2万人，而美澳联军伤亡8300人左右，美澳联军在巴布亚半岛的胜利，彻底粉碎了日军占领莫尔兹比港的企图。

▲ [轻型巡洋舰模型]

奥古斯塔皇后湾海战

美军"'二战'最出色的轻巡洋舰"

奥古斯塔皇后湾海战是太平洋战争中布干维尔岛登陆战的一部分，此战令美日双方各有损伤，但在战斗中4艘"克利夫兰"轻巡洋舰表现出众，面对日本海军的重巡洋舰并不落下风，使该型舰获得"'二战'最出色的轻巡洋舰"称号。

轻型巡洋舰具有多种作战能力，主要用作海上攻防作战、掩护航空母舰编队和其他舰队编队，保卫已方或破坏敌方的海上交通线，攻击敌方舰艇、基地、港口和岸上目标，在登陆作战中进行火力支援，担负海上编队指挥舰等。

> 重巡洋舰，即重型巡洋舰，是巡洋舰的一种，一般指在排水量、装甲和火力方面强于轻巡洋舰但弱于战列舰的舰只。

美军抢占奥古斯塔皇后湾

1943年下半年，美、日在所罗门群岛展开激烈争夺，美军希望夺取布干维尔岛，用于修建轰炸机和战斗机机场。

为了夺取布干维尔岛，美军在布干维尔岛西岸的奥古斯塔皇后湾强行登陆。此处是日军防御的薄弱之处，美军陆兵上岸时，只有约300名日军进行抵抗，登陆战斗非常顺利，到傍晚时分，美军已有14 000人和6000吨物资被运送上岸。

日军决意反扑并组建舰队

美军登陆奥古斯塔皇后湾不久，日

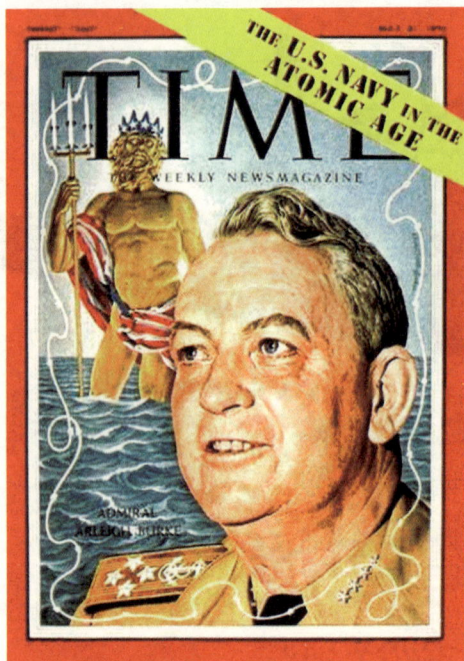

▲ [梅里尔少将]

此时的梅里尔就是后来的阿利·艾伯特·伯克上将，第二次世界大战美国的 23 驱逐舰队司令，昵称为 31 节伯克。阿利·艾伯特·伯克是速度、力量和战无不胜的代名词。

"妙高"级重巡洋舰装有 5 座双联装 203 毫米主炮，该炮射程远、威力大，并配以高航速，堪称巡洋舰炮战利器。

"妙高"级重巡洋舰是日本帝国海军建造的万吨级巡洋舰。由日本海军著名的军舰设计师平贺让主持设计。"妙高"级在火力和航速方面十分突出，日本海军为了追求单舰的威力优势甚至不惜采用隐瞒的手段超出《华盛顿条约》对排水量的限制，尽管如此，建成后重量还是超出计划。

军即仓促间组成一支由重巡洋舰、轻巡洋舰和驱逐舰组成的海军舰队，指挥官由大森仙太郎少将担任，前往奥古斯塔皇后湾，舰队任务是歼灭美国运输队舰队及护航舰，并炮击登陆场，摧毁美军滩头阵地、设施和物资。

双方兵力对比

日方：日本这支舰队的核心旗舰为"妙高"级重巡洋舰"妙高"号和"羽黑"号，并且将两艘重舰安排在一起，由"阿贺野"号轻巡洋舰带领 3 艘驱逐舰担任右翼前导；左翼前导由"川内"号轻巡洋舰带领 3 艘驱逐舰担任。

美方：登陆后驻守奥古斯塔皇后湾的美军只有 1 个巡洋舰分队和 2 个驱逐舰大队，共 4 艘巡洋舰、8 艘驱逐舰，指挥官是梅里尔少将和驱逐舰大队指挥官伯纳德·奥斯汀。

从实力对比上看，日方略占优势，但是美军的 4 艘巡洋舰，因为性能一致、火炮射击参数相同，便于协调互动，并且由于舰况良好，雷达设备也较为先进，美军状况也不太差。

战争开始了

美军巡逻机及时发现了这支日军编队，并立即向南太平洋司令部作了准确报告，随后大森仙太郎的编队利用夜暗和暴风雨的天气条件，驶到离奥

▲ [登陆布干维尔岛]
纪念邮票

票面上表现的是美军士
兵在布干维尔岛抢滩登
陆的场面。

古斯塔皇后湾不远的托罗基纳角附近，集结待命。

因为此前早就获知日军这支舰队到来的消息，所以梅里尔少将早就在皇后港的岸边布设了对空炮群，加强了各处防线。

11月2日2时27分，集结于托罗基纳角的日本舰队，终于开始向皇后港挺近，此时的美军驱逐大队指挥官伯纳德·奥斯汀，早就准备好了，看到日军到来后，立即指挥48门152毫米舰炮开火，集中轰击来犯日舰。皇后港海战打响了。

日军海上受阻，大森仙太郎随即派出舰载轰炸机和战斗机约100架空袭美舰，梅里尔舰队对空炮火立即进行封锁，击落其中的好几架飞机，剩下的飞机穿越了海面炮火的封锁来到皇后湾后，还没来得及投弹，就被岸边密集的炮弹轰掉了几架，猛烈的炮火使日本飞机根本无法靠近，只能撤回，在撤回的过程中又被美国海上舰队的对空炮火轰掉了好几架。

眼看飞机失利，海面也受阻，日本指挥官大森仙太郎只能率领残余舰只全速撤回。

此战美军击沉了日军的1艘轻巡洋舰、1艘驱逐舰和十几架飞机。而美军方面则有数艘舰船受伤，其中包括1艘轻巡洋舰。

日本少将大森仙太郎的失败，令日军司令官非常气愤，当即被撤职，改由栗田健男中将率领一支更强大的巡洋舰驱逐舰队从特鲁克南下，以挽回大森仙太郎所造成的败局。

奥古斯塔皇后湾海战中，美舰虽然战斗并不完美，但他们终究保卫了登陆场，达到了战斗目的。

莱特湾海战

世界海战史上规模最大的海战

　　莱特湾海战是发生在菲律宾莱特湾（莱特岛东部和萨马岛南面）附近的一次海战。就参战双方投入战场的军舰总吨位而言，莱特湾海战堪称历史上最大的海战，也是最后一次航母对战，此战彻底摧毁了日本的航母力量。

▲ [小威廉·弗雷德里克·哈尔西]

哈尔西因作战勇猛而获绰号"蛮牛"，因为人随和又被称为"水兵的海军上将"。哈尔西上将是"二战"中美军人气最高的将领之一，深受部下爱戴。

　　日本最高统帅部内阁高层听到越来越多的坏消息，还有日本陆军在中国遭受挫败的消息。尽管他们不愿承认，但是他们感受到了恐惧：第二次世界大战就快结束，日本帝国的时日不多了。日本海军部的大臣们命令参谋人员制订了一套"必胜"计划，日本海军将使出最后的力量和美军决战到底。

　　日本在塞班岛、马里亚那群岛等战役相继失利后，若再丧失菲律宾或台湾，其帝国"南线"资源输送本土的命脉将断绝，在东南亚与中国、朝鲜、本土的联系将被切断。日本因此决定孤注一掷，企图击退盟军在莱特岛的登陆部队，并打败其海上力量。而盟军几经考虑后，放弃攻打台湾而先从菲律宾登陆，并决心以优势军力掩护登陆，一举击溃前来支援的日本帝国海军。

美决定登陆莱特岛

　　1944 年 8 月底开始，美军哈尔西上将率领第三舰队的快速航空母舰和战列舰，不断袭击菲律宾最南的屿棉兰老岛到菲律宾北部的吕宋岛区域的日军基地。

美军在菲律宾群岛上几乎没有遭遇日军的抵抗。尼米兹上将接到了哈尔西的报告后判定这一片区域的日军无力还击，随即决定取消攻打雅浦岛（太平洋板块接邻菲律宾板块的区域的岛屿），逐步向菲律宾南部棉兰老岛推进而后北上的计划。他决定提前两个月，在1944年10月20日这天，派出一支舰队登陆菲律宾中部的莱特岛。

击杀南路舰队

日军南路舰队司令官西村祥治中将率领南路舰队于1944年10月25日清晨3时进入苏里高海峡，在离莱特岛的海岸还有好几个小时航程的海域，不料闯进了美国第7舰队为他们设置的圈套。

美军杰西·奥尔登多夫少将的6艘战列舰、8艘巡洋舰、29艘驱逐舰和39艘鱼雷艇已经严阵以待。激战中日方的"扶桑"号战列舰和"山城"号战列舰被击沉，指挥官西村祥治战死。

苏里高分战场是最后一次发生在战列舰之间的海战，是海战史上组织最成功的战例之一。美军以1艘鱼雷艇为代价，获得了击沉2艘战列舰，1艘重巡洋舰，3艘驱逐舰，重伤1艘重巡洋舰和1艘驱逐舰的骄人战绩。

歼沉中央舰队

日军第二舰队司令长官栗田健男中将率领日军最强大的"中央舰队"，包括5艘战列舰：它们是"大和"号、"武藏"

▲ ［五星上将尼米兹］
尼米兹早期以研究潜艇为主，而后成为美军中柴油引擎技术的专家，太平洋战争爆发后，尼米兹担任了美国太平洋舰队总司令、太平洋战区盟军总司令等职务，主导对日作战。

▲ ［栗田健男］
日本海军中将。生于茨城县水户藩士家庭。

▲ ["大和"号战列舰模型]

"大和"号战列舰是日本海军建造的"大和"级战列舰的一号舰，是其建造历史上最大的超级战列舰之一。

▲ [莱特湾海战纪念邮票]

票面是日军和美军舰艇在海上激战的景象。

号、"长门"号、"金刚"号和"榛名"号，加上10艘重巡洋舰、2艘轻巡洋舰和15艘驱逐舰。

美军第三舰队司令官哈尔西上将命令集结第三舰队的三支航空母舰分舰队集中攻击栗田健男的舰队。

10月25日上午9时38分，栗田健男的"中央战舰"于圣伯纳底奴海峡聚集，美军所有的飞机纷纷起飞，向日本"中央舰队"舰队发动猛烈攻击。美机不约而同地集中全部火力轰炸当时世界上最大的战列舰"大和"号和"武藏"号，在猛烈的炮火下，这2艘战列舰受创发生泄漏。

日军栗田健男的10艘重型巡洋舰中已有4艘身负重伤，而美轰炸机连喘息的机会都没给他，又将密密麻麻的炮弹落了下来，"武藏"号在美军的第二次空袭中被4枚炸弹、3枚鱼雷击中，舰艏差点沉入海中，只能慢慢减速，渐渐脱离了大部队。

此时，日军"大和"号的炮塔，也被美军轰炸机抛出的2枚炸弹击中了，引起了大火，幸好"大和"号的舰身坚固，舰员奋力扑灭了大火。在美军的第四次空袭中，"大和"号再度中弹，摇摇欲坠。与此同时，正当"武藏"号转身想逃的时刻，美军鱼雷机发出的10枚鱼雷击中了它，"武藏"号忽然减速，舰身的一半几乎都没入了海中。

日本的"中央战舰"基本上被美军歼灭。而指挥官栗田健男却悄悄地率领

其他舰队消失了。

小泽舰队成功诱敌

作为配合"中央舰队"指挥官栗田健男的小泽舰队，执行诱敌计划：边战边跑。

美军哈尔西为了扩大战果，带领着值守在圣伯纳底奴海峡的部分舰队，拼命追击逃跑的小泽舰队，而此时，圣伯纳底奴海峡（进入莱特湾，可经两个海峡：圣伯纳底奴海峡，苏里高海峡。）没有任何舰只防守，栗田健男率领着舰队冲了过去，接近了莱特湾，小泽舰队的诱敌计划充分完成了任务。

航母舰队的覆没

固守莱特湾的金凯德中将和第七舰队的大部分人员还认为日本的舰队仍在与哈尔西交战。

金凯德中将在自己的旗舰"瓦塞赤"号上听到消息：日本舰队离莱特岛滩头只有 3 小时的航程了。

已经来不及思考太多的金凯德中将命令港内舰只转向，全速逆风向东后撤，并立即发报请求支援，同时下令所有飞机紧急起飞。

虽然是仓促应敌，但美国驱逐舰没有退缩，它们等待着日本舰队靠近，然后自杀般地对敌发射鱼雷，目的正是为了吸引日舰的火力。在前面一战中已经受重伤的"大和"号为了躲避 2 枚平行的鱼雷，想要转身却难以完成，浪费了

▲ ［美军金凯德中将］

▲ ［远藤三郎题字的神风特攻队员头箍］

面对日本全线崩溃的危局，日本战斗机特编的敢死攻击队名曰"神风特攻队"，命令每架飞机带上约 250 千克炸药，俯冲撞击美军航母，企图通过这种自杀式的攻击挽救危局。

如果不是因为美国海军在关键时刻放出烟雾扰乱了栗田健男的视线，日本海军本是有机会给予美军舰队沉重打击的，然而从此战的整体战局上来看，日本舰队仍然不可能占据莱特湾海战的主动权。

美军选择了正确的时机施放烟雾，这就使得烟雾成为了他们吓退栗田健男的关键武器。当时美军知道有不少从中路和南面分队护航航空母舰上起飞的飞机正在赶来，因此敢于施放大量烟雾，使得日军看不清己方的情况，营造出一种神秘的反攻态势，最终达到了迷惑日本舰队的目的。

"大和"级战列舰是日本帝国海军设计建造的战列舰，历史上该级舰艇计划建造4艘，建成了2艘，分别是"大和"号战列舰和"武藏"号战列舰。大和级战列舰配备：

主炮："大和"级战列舰以其装备的9门460毫米口径巨型主炮闻名于世，是当时口径最大的战列舰主炮，为隐瞒其真实口径命名为"九四式四十厘米炮"。

设施：大和级战列舰还是当时日本帝国海军中条件最好、设施最全的舰艇，全舰成员2500～3000人，1/3士兵可以享受专用卧铺，军官全部是双层卧铺（2人或4人/间），人均居住面积3.32平方米（长门号战列舰上大概是2.6平方米，一般驱逐舰上只有1平方米）。

10分钟左右的时间，在这10分钟内，美军护航的飞机全部起飞。此后，美军舰队和日军舰队展开了追逐战，渐渐向拥挤的莱特湾靠拢。美军的护航航空母舰北面分队已被日本战舰团团包围，一顿炮轰后，美军16艘护航航空母舰上损失了105架飞机。

就在这时，美军军舰上开始施放烟雾。日本人的视线渐渐不清晰了，同时他们看到天空出现了许多美军战机，对他们实施攻击。美军飞机令日军眼花缭乱，有的轰炸机弹药用尽了也仍然在日舰的桅顶之间穿来穿去，扰乱日军的注意力。

由于栗田健男舰队未完成整编队形便发动进攻，加上美军驱逐舰的攻击将他的队形打乱了，各战队散乱在广阔的海面上。

栗田健男丧失了对战事的战术指挥，他并不知道此刻自己已经胜券在握了，他错以为哈尔西庞大的舰队就在附近，就此错过了歼灭美军更多战舰的良机。

栗田健男感觉美军支援舰队正向他包围过来，在美军不停的空袭下他只得向北撤退，然后向西穿过圣伯纳底奴海峡。

在日舰队撤退的过程中，哈尔西上将全歼了小泽的航母舰队之后，回师增援金凯德中将，并派遣轰炸机跟随日军撤退舰队轰炸，使得日舰艇损失惨重，在栗田健男舰队回到日本时，只剩下一艘舰艇还有战斗力。

莱特湾海战严重打击了日本海军的实力，从此日本联合舰队在太平洋战争中不再是一个战略力量。此战役也为后来美军成功攻下菲律宾群岛、冲绳岛等地打下基础。

莱特湾海战兵力：

美国：17艘航空母舰，18艘护卫航空母舰，12艘战列舰，24艘巡洋舰，141艘驱逐舰，其他舰只、鱼雷艇、潜艇若干，约1500架飞机。

日本：4艘航空母舰，9艘战列舰，19艘巡洋舰，34艘驱逐舰，约200架飞机（另有驻菲律宾、台湾的约500架陆基飞机提供支援）。

夺取冲绳岛
太平洋战场最后一战

　　冲绳岛战役，代号为"冰山行动"，是在琉球群岛中的冲绳岛进行的一场战役，也是第二次世界大战太平洋战场中规模最大的两栖登陆行动。

▲ [电影《冲绳决战》剧照]

此片以"二战"时盟军夺取冲绳岛为背景展开，讲述日本军方的故事。此片中战争场面描绘的十分血腥，不时有血肉横飞、肝肠涂地的场面。此外，对征召学生兵也有详细的描述，征召的 1685 名男生中 732 人战死，543 名女生死 249 人，这些女生称为"姬百合部队"。

　　经过跳岛战役后，以美国为首的反法西斯同盟军的战线逐渐接近日本本土，并计划利用冲绳这个距离日本本土仅 5474 米的岛屿作为空中作战基地，以实行进攻日本国土的计划（此计划又称为"没落行动"）。冲绳被誉为日本的"国门"，因此冲绳岛登陆战就被称作"破门之战"。

美军派出兵力情况

　　此计划分别派出了海、陆两军，其中：

　　美国陆军派出了第 10 军团的 5 个师为主要战队；

　　美国海军派出了 3 个陆战师，其中陆战队第 1 和第 6 师提供在陆地上必要的支援；第 2 陆战师则作为两栖预备队。

日方对此岛的重视程度

　　对于日本而言，冲绳岛一旦失守，本土、朝鲜以及中国沿海地区的制海权、制空权将悉数丢失，日本通往东南亚的海上交通线将被彻底切断。因此，自 1944 年 7 月马里亚纳群岛失守后，日本就开始重点加强冲绳岛的防守兵力和防御工事。

▲ [平和公园]

攻取日本"桥头堡"：冲绳岛

1945 年 3 月 19 日起，美军航母编队出动了近千架舰载机对吴港、大阪和神户的飞机制造厂，以及后续对九州、四国等地的机场进行轮番轰炸，使得日军海空军对冲绳岛的增援力量受损，美军达到了削弱日本空中火力的目的。随后美军顺利地完成了登陆，日军根本没有任何抵抗。原本计划 15 天完成的登陆任务，仅 4 天就顺利实现。

1945 年 5 月 8 日，德国宣布战败投降（此前意大利已经退出轴心国，德国宣布投降标志着法西斯联盟已经彻底瓦解了）。在日本无任何增援的情况下，美军又投入了新型的喷火坦克和重型坦克，在战场上碾压着日军，使其防线逐渐被突破，日军防区逐步缩小。

日本人自杀式的反击

从 4 月 6 日开始，气急败坏的丰田副武决定使用数千名日本青少年搭乘自杀式飞机，对美舰实施轰炸。此次自杀

▲ [平和基石]

上图来自冲绳平和公园，平和基石是为纪念冲绳岛一战死亡的英灵，这里铭刻着 20 多万冲绳战役的死者，既包括当地平民，也包括战死的日本、美国、韩国、中国台湾士兵。"超越国籍、不论军民，铭记所有战死者"，这是平和基石建立之初就确定的宗旨。

在冲绳岛战役中，"大和"号是按照"自杀性"作战方式运行的，在与上百架美机交战中，日本联合舰队与最强战列舰"大和"号最终全军覆没。

▲ [菊花标]

"水上菊花"是 14 世纪初日本著名武士楠木正成所佩戴的纹章，当时楠木正成在众寡悬殊的作战中有"平生报国"之语，意思是与敌人同归于尽。

式计划被称为"菊水行动"，由青少年组成的自杀式飞机的袭击方式，这种玩命的战法是很多美军没有遇到过的，使得日本轰炸机屡屡得逞，并成功地摧毁了 3 艘美军驱逐舰、1 艘坦克登陆舰和 2 艘万吨级军火船……

▲ [冲绳岛战役纪念邮票]
票面上显示的是美军士兵向敌人投掷手雷、掩护战友冲锋的场面。

日本的"菊水行动"确实吓到了美国人，见到此法奏效，丰田副武又开始了"菊水2号"行动，出动392架飞机，其中有202架自杀式飞机。

此行动一共执行了10次，共击沉和击伤美军军舰多艘。

不过在美军密集的炮火之下，"菊水行动"的威胁慢慢地变小了，最后日军被彻底围困，直到冲绳岛的守将牛岛满切腹自杀，战役宣告结束。

此战日军死亡4万余人，被俘1万余人，岛上居民死亡约10万人，损失飞机783架，舰艇被击沉16艘、击伤4艘。美军则伤亡3万余人（含非战斗减员1万人），损失飞机763架，被击沉舰艇36艘，击伤368艘。这是美日两军在太平洋岛屿作战中规模最大、时间最长、损失最重也是最后一次战役。虽然损失重要，但美军打开了日本的门户，达到了为进攻日本本土建立战略基地的目的。

冲绳岛战役是第二次世界大战太平洋战争中伤亡人数最多的战役。而在冲绳战斗结束数星期后，美军使用原子弹轰炸广岛及长崎，直接导致日本投降。

◀ [牛岛满]
牛岛满是日本帝国最后一个陆军大将，是日本法西斯的死硬分子。1938年武汉会战时，手上染满了中国军民鲜血。

▲ [战胜的美军将国旗插在冲绳岛上]
美军第一营指挥官理查德·罗斯中校在1945年5月30日将美国星条旗插在冲绳岛首都首里。

马岛海战

现代海岛争夺战

历时 74 天的马岛海战将现代化海战的形态第一次呈现在了人们面前。

马尔维纳斯群岛简称马岛，它是由 200 多个岛屿组成的大型群岛，总面积约 1.19 万平方千米，英国人称它为福克兰群岛，阿根廷人称它为马尔维纳斯群岛。历史上，这座群岛的归属权一直都没有得到确定，英国和阿根廷都曾宣称对这座群岛拥有主权。

蓄意登岛

1982 年 3 月 19 日，阿根廷当局雇佣了一群所谓的"五金商人"向马岛进发，强行登陆了位于马岛以东 1390 千米处的南乔治亚岛（简称南岛）。这批人当中应当是有阿根廷军人，他们迅速在南乔治亚岛建立了营地，将阿根廷的国旗插在了那里的高地上。

闻听消息的英国皇家海军觉察到了阿根廷有入侵马岛的意图，立刻派出"坚忍"号破冰船前去拆毁这个营地。随后发生了什么谁也说不清楚，总之在不久后，《英国国籍法》中宣布，限制给予马岛居民全面的公民权，这一消息让阿根廷认为，这是用武力夺取马岛控制权的最好时机。

马岛备战

1982 年 4 月 1 日，阿根廷发动代号为"蓝色"的进攻计划。4 月 4 日阿根廷将英国驻马岛政府攻占。

英国立即宣布与阿根廷断交，成立以首相撒切尔夫人为首的战时内阁，并制定了代号为"共同作战"的反攻军事战略方针。

4 月 5 日，英军以"竞技神"号和"无敌"号航空母舰为核心组成特混舰队，此舰

英国参战兵力		阿根廷参战兵力	
航空母舰	3 艘	驱逐舰	5 艘
核潜艇	12 艘	护卫舰	9 艘
两栖舰	3 艘	常规潜艇	3 艘
驱逐舰	7 艘	导弹艇	4 艘
护卫舰	17 艘	其他	20 余艘
其他	39 艘	固定翼飞机	30 余架
各式飞机	约 250 架	直升机	余 60 架
陆战队	约 6000 人	陆战队	约 2 个旅
战斗机	332 架	战斗机	21 架
教练机	506 架	攻击机	56 架
直升机	153 架	教练机	83 架
运输机	82 架	运输机	60 余架
预警/巡逻机	35 架	兵力	11 个旅
兵力	10.7 万人	坦克	400 余辆
坦克	386 辆	装甲车	870 余辆
步兵战车	670 余辆	自行火炮	147 辆
装甲车	约 4000 辆	其他火炮	若干
各式火炮	2986 件	反坦克武器	若干
飞机	约 300 架		

队共有37艘战舰，20架"鹞"式战斗机，58架各型直升机，3500名海军陆战队员。由朴茨茅斯和直布罗陀起航开往马岛，另外，在大西洋的4艘核潜艇也全速赶往马岛。在特混舰队1.3万千米的航程途中，英军参战部队完成了制定作战方案、战斗序列编组、战术演练等一系列准备工作。包括征租58艘民船，作为舰队的后勤支援力量，同时对征用的民船按需要进行快速改装，像将"伊丽莎白女王二世"号和"堪培拉"号客轮都改装为运兵船，将"大西洋运送者"号和"大西洋堤道"号滚装船改装为飞机运输船，特别是"乌干达"号客船正载着940名学生在地中海航行，接到征用命令后立即在就近港口停靠，让学生上岸，随即驶向直布罗陀，仅用三天就改装为医疗船。英国的这些高效迅速的临战准备，奠定了取胜的基础。

4月17日，英军舰队到达阿森松岛，在休整一天并补充物资后，进行实弹射击，校正了枪炮。同时英国战时内阁提出把战争控制在争议地区，不进攻阿根廷本土的原则，并积极展开了外交和政治攻势，使美国、欧共体等都表示支持英国，并中断了与阿根廷的军火贸易，实行对阿根廷的军火禁运，向英国提供后勤保障、通信、卫星情报等便利。

5月2日，经战时内阁批准，英军"征服者"号，向跟踪三天的阿军"贝尔格诺将军"号巡洋舰发射三枚MK-8鱼雷，命中两枚，"贝尔格诺将军"号巡洋舰在45分钟后沉没，阿军有321人阵亡或

▲ ["飞鱼"导弹]

1982年马岛海战中，阿根廷军队发射"飞鱼"导弹击沉了英国"谢菲尔德"号驱逐舰和"大西洋运输者"号运输船。后来在两伊战争中，伊拉克发射"飞鱼"导弹对伊朗的油船和石油设施发动了攻击。

"飞鱼"导弹是法国航宇公司从1970年开始研制、1978年定型投产的亚音速近程掠海飞行的舰对舰导弹。这种导弹不但体积小、质量轻、精度高、掠海飞行能力强，还具有超视距攻击能力和全天候作战能力。作战时，先由直升机探测目标，将测得的目标数据转发给发射舰，再发射"飞鱼"导弹。"飞鱼"导弹的扇面发射角较大，因此只要发射舰的两端都装有发射架，那么不管目标出现在什么方位都可以及时发射导弹，对其发动攻击。

▲ [撒切尔夫人]

玛格丽特·希尔达·撒切尔，第49任英国首相，1979—1990年在任，她是英国第一位女首相，也是自19世纪初利物浦伯爵以来连任时间最长的英国首相，被称为"铁娘子"。

马岛战役一打响，英军就开始实施海空一体作战方案，他们迅速做出反应，对马岛展开了三层相互连接的立体封锁。

首先，英军在最外层靠近阿根廷大陆的区域，投入核潜艇对阿实施海上封锁，并负责监视阿本土基地、港口和主要航道，"构成无处不存在的威胁"。

接着，英军布置了中层封锁线，派出水面舰艇和"海鹞"式舰载机对进入封锁区的阿方飞机进行拦截。

最后，在距离马岛最近的内层，也就是马岛周围海域，英军派出水面舰艇小编队和"鹞"式战斗机实施了火力封锁，并选择适当的时机对岛上重要目标发起攻击。

这三层封锁线形成了从海上到空中、从空中到海上的立体火力网，并且三层封锁线能够相互联系，相互支援，充分发挥了英军的优势，将阿军占领马岛的优势一一削弱。

失踪。由于该舰被击沉，大大打击了阿军的士气，并使得阿根廷海军主力撤离马岛海域，在整个马岛登陆战争前期的接触战期间都龟缩于本土，再未出战。

5月25日，阿空军倾全力出击，全天出动约200架次，取得击沉"考文垂"号驱逐舰、"大西洋运送者"号混装船，击伤1艘驱逐舰，1艘护卫舰的辉煌战绩。

阿空军英勇战斗，给予英军沉重打击，由于阿空军飞机性能不及英军，同时得不到海、陆军的有力支援，另外阿根廷100多年来没有经历过战争，战备较差，投下的炸弹很大一部分没有爆炸，所以无法阻止英军的登陆。

三天里，英军登陆马岛部队达5000人，滩头阵地扩大到150平方千米，建立起了补给基地、通信枢纽，并铺设了简易机场和起降跑道。

5月27日，英军开始发起陆上进攻，战果不断扩大，沿道马岛的格拉斯、蒂尔湾，直取马岛首府斯坦利。

6月15日，英军继续攻击，阿军丢弃重武器退入斯坦利港市区，斯坦利港内残余的9000多阿军投降。英阿两军达成非正式停火协议，至此战斗基本平息。阿根廷总统加尔铁里宣布马岛的战斗已经结束。英国也宣布阿军投降，夺回马岛。

至此，历时74天的马岛战争正式结束。

▲ [曾参加马岛海战的英国"竞技神"号航母]